HALLO HAMBURG

EIN BLICK IN DIE STADT

ANKER | WECHSEL

WILLKOMMEN IN **HAMBURG**

Hallo Hamburg, du Schönheit. Über dein Kopfsteinpflaster laufen Segelschuhe und ausgetretene Sneaker gleichermaßen. Du bist weltoffen. Und gleichst trotzdem einem Dorf, nur halt mit ein paar mehr Gesichtern. Bei dir kann man vom Elbufer aus die Hafenkräne zählen und neben Backsteinbauten das Grüne bestaunen. Selbst bei derbem Regen, rauem Wind und grauem Himmel bist du ein wildes Gewässer, in das sich der Sprung lohnt. Egal, ob treiben lassen oder ganz oben schwimmen: Mit dir ist man schnell auf einer Wellenlänge. Deine hanseatische Unaufgeregtheit ist das Grundrauschen im Alltag. Zwischentöne verstärken den Klang der Schiffe: Freiheit. Hamburg, du hast Strahlkraft – aber hallo!

Violetta Sanitz

Harriet Dohmeyer

Jana Trietsch

Lara M. Gahlow

ÜBER DIESES BUCH
(UND WIE ES ENTSTANDEN IST)

Wie schreibt man ein Buch über die eigene Stadt? Sofort fluten schöne Orte, inspirierende Kreativschaffende und Erinnerungen an den leckersten Kaffee die Gedanken – bis einen die Realität (Seitenanzahl, finanzielle Mittel, Kurationsanspruch) einholt und den wilden Kopf bremst... oder besser gesagt: den Fokus schärft. Was als aktualisierte Ausgabe beginnen sollte, wurde zum komplett überarbeiteten Blick auf Hamburg. Keine Seite gleicht der vorherigen Version. Warum auch? Befindet sich die Hansestadt doch im stetigen Wandel – genau wie die Perspektive, die Autorin Harriet Dohmeyer auf sie hat. Um ihren Beobachtungen Raum zu geben, hat die studierte Journalistin, Fotografin und freie Kreative den Ankerwechsel Verlag gegründet. Ein Kind publizistischer Freiheit mit Sitz in St. Pauli, wo die Druckerei des Vertrauens und ausgewählte Buchhandlungen nur einen Fußmarsch entfernt liegen. In dem Verlag für zeitgenössisches Entdecken entstehen Projekte mit künstlerischem Anspruch und dem Willen, immer wieder in die Seitenstraßen abzubiegen. Die hier erschienene *Hallo*-Reihe ist eine Riege subjektiver Stadterzählungen, bei der jedes Buch aus der Reihe tanzt. *Hallo Hamburg* entstand – redaktionell unabhängig – aus Interviews, persönlichen Besuchen und unzähligen Tresenschnacks. Dies ist kein klassischer Reiseführer, sondern ein Hambuch.

Und das ist nicht im Alleingang entstanden: Der Ankerwechsel Verlag versammelt Freischaffende um sich, die bei der Publikation inhaltlich, sprachlich und optisch unterstützen. Die Ideenflut und Harriets Fotografien hat auch diesmal Grafikdesignerin Violetta Sanitz in ein Design gegossen; sie widmet sich jeder Geschichte und jedem Ort mit neuer Gestaltung. Außerdem haben Jana Trietsch und Lara M. Gahlow dieses Buch mit ihrem textlichen Können und Impulsen bereichert. Das gesamte Team eint die Liebe für Hamburg und seine Menschen – und wir freuen uns, dass das Ergebnis es nun in deine Hände geschafft hat. Die klimaneutral gedruckten Ankerwechsel-Bücher bekommst du in liebevoll sortierten (Buch-)Läden sowie online in unserem Shop. Und jetzt bleibt nur noch eins zu wünschen: Viel Spaß beim Entdecken!

HALLO HAMBURG
INHALT

Auftakt	S. 4
Vorwort	S. 6
Inhalt	S. 8
Karte	S. 12

① Deichtorhallen — S. 16
② Oberhafen — S. 20
③ Rollschuhbahn — S. 24
④ Weinladen — S. 30
  → *Interview*
⑤ Speicherstadt — S. 38

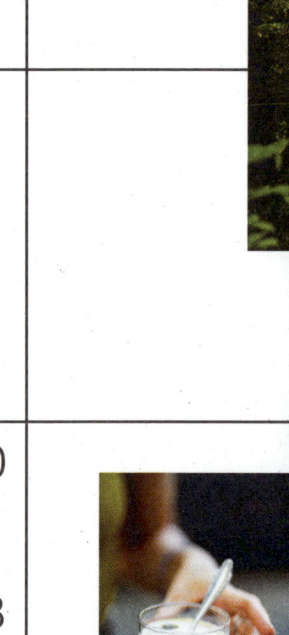

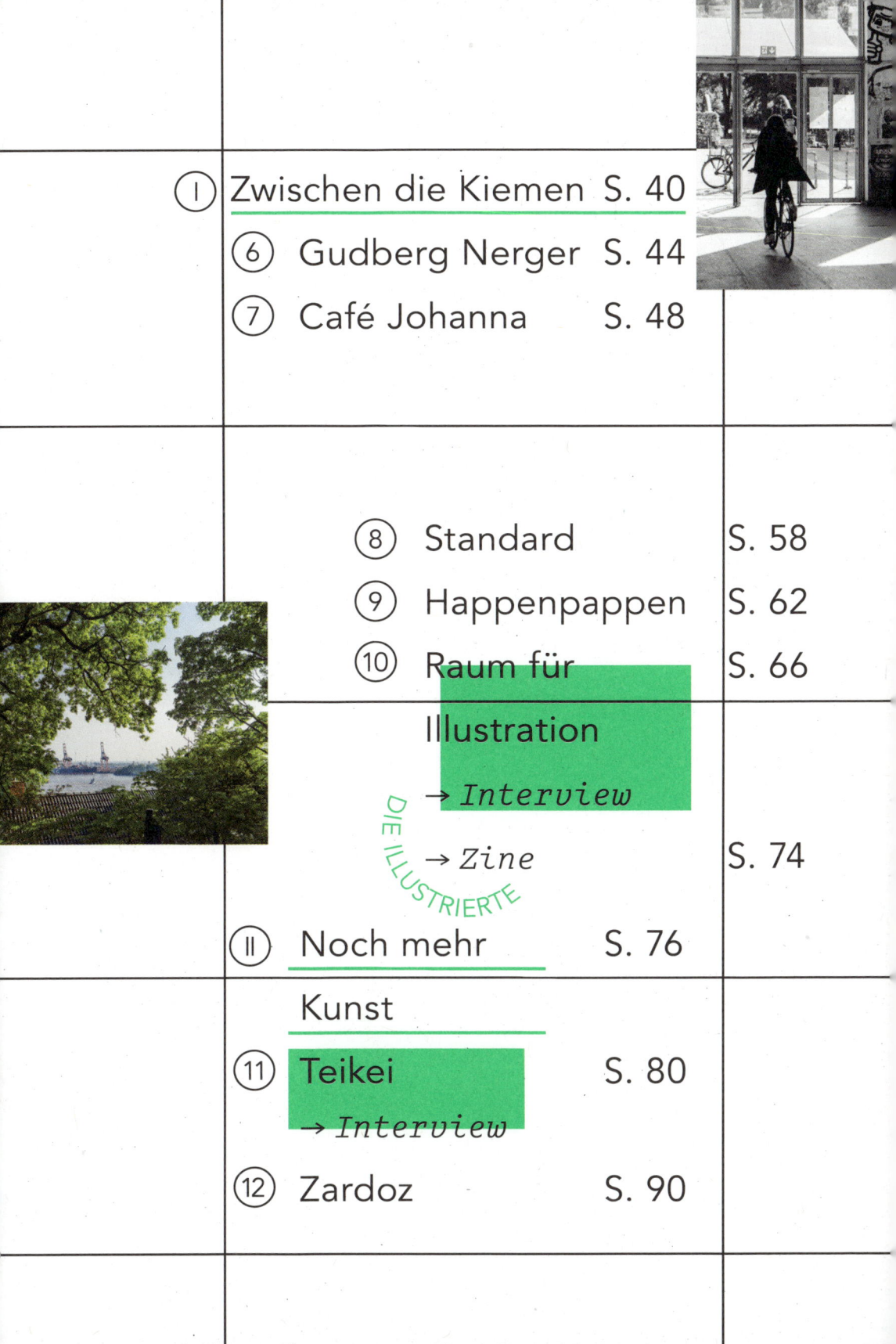

① Zwischen die Kiemen   S. 40
⑥ Gudberg Nerger   S. 44
⑦ Café Johanna   S. 48

⑧ Standard   S. 58
⑨ Happenpappen   S. 62
⑩ Raum für Illustration   S. 66
   → *Interview*
   → *Zine*   S. 74

DIE ILLUSTRIERTE

⑪ Noch mehr Kunst   S. 76
⑪ Teikei   S. 80
   → *Interview*
⑫ Zardoz   S. 90

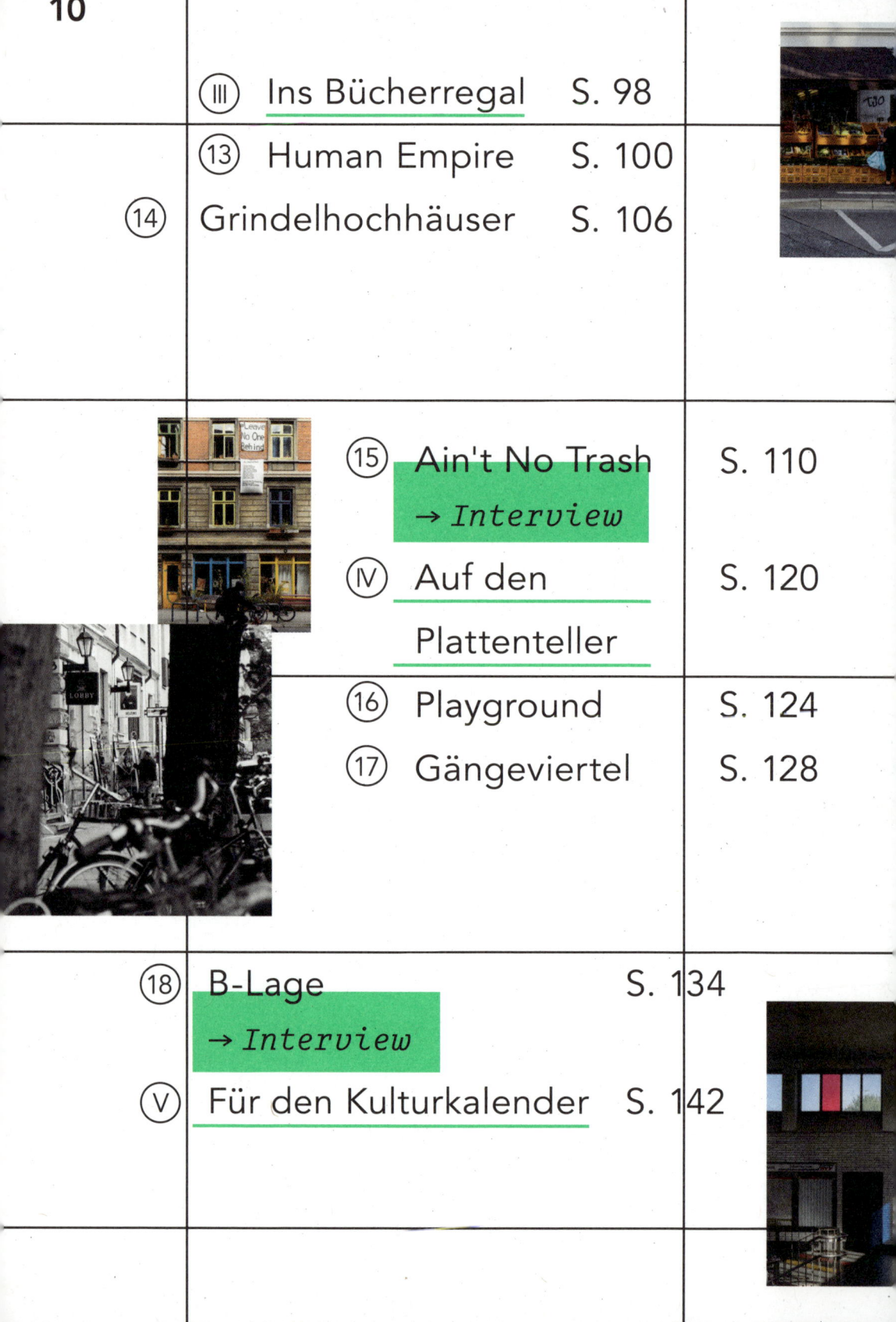

ⅲ	Ins Bücherregal	S. 98
13	Human Empire	S. 100
14	Grindelhochhäuser	S. 106
15	Ain't No Trash → *Interview*	S. 110
Ⅳ	Auf den Plattenteller	S. 120
16	Playground	S. 124
17	Gängeviertel	S. 128
18	B-Lage → *Interview*	S. 134
Ⅴ	Für den Kulturkalender	S. 142

⑲	Bucerius Kunst Forum	S. 146
⑳	Winkel van Sinkel	S. 150
㉑	Alter Elbtunnel	S. 152
㉒	Balz und Balz	S. 160
	→ *Interview*	
㉓	Kunsthalle	S. 168
㉔	Entenwerder 1	S. 172
Ⅵ	Von gutem Kaffee	S. 176

Gut zu wissen — S. 184
Ausblick — S. 190
Impressum — S. 194

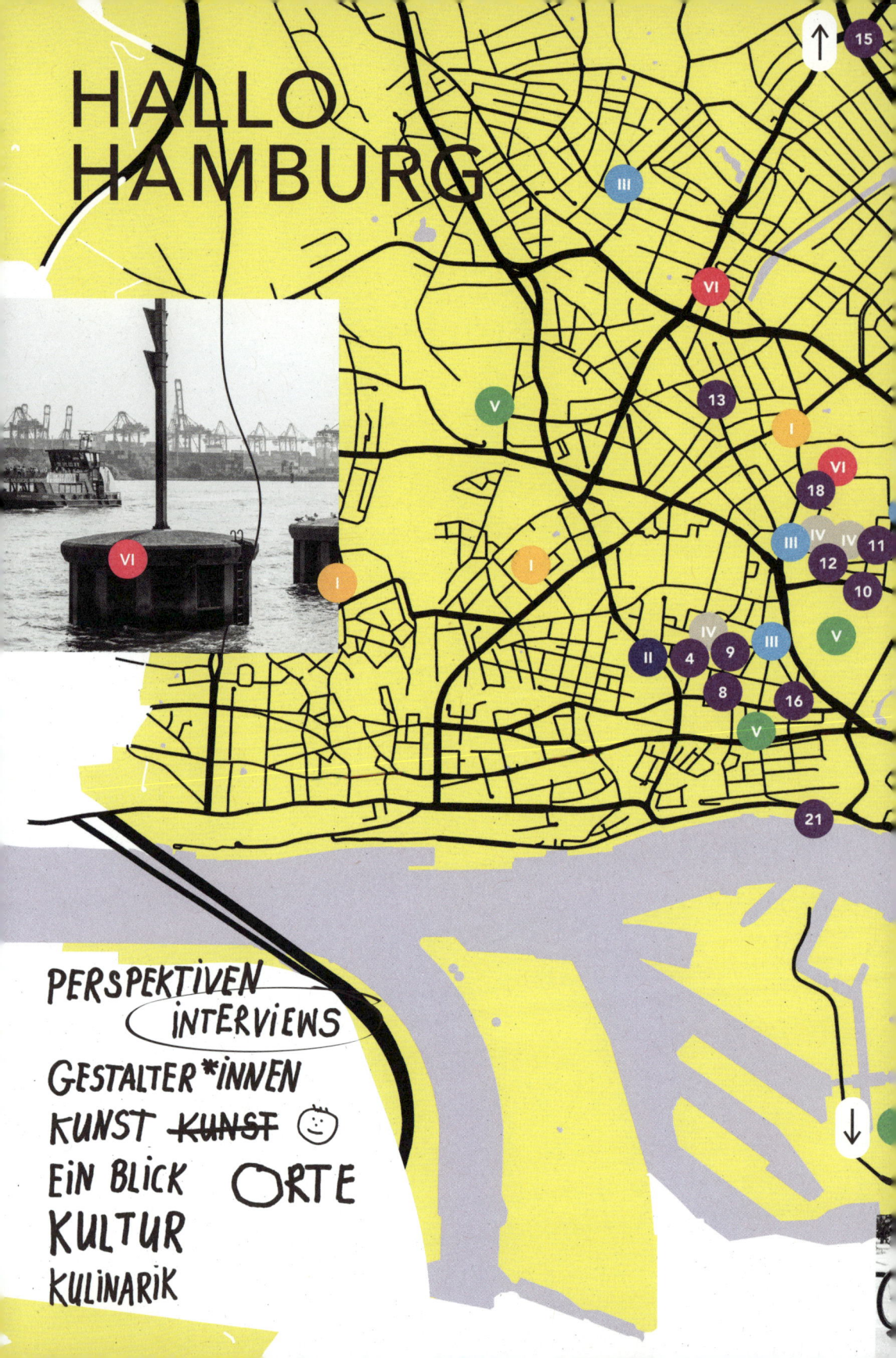

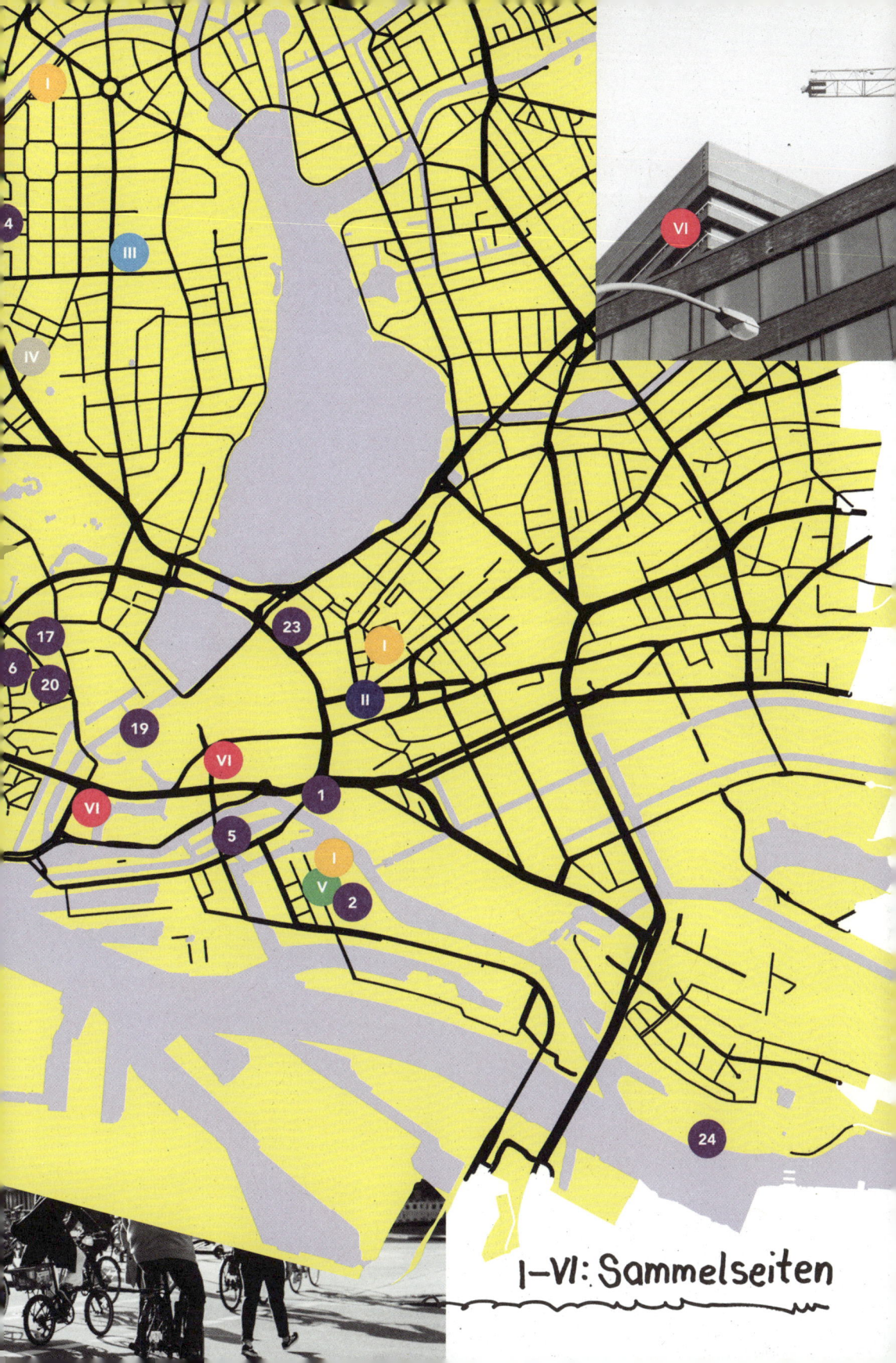

I–VI: Sammelseiten

DEICHTORHALLEN
MODERNE KUNST IN ALTEN MARKTHALLEN

Wo einst Tulpen und Geranien auf dem Blumengroßmarkt die Besitzer*innen wechselten, befindet sich heute eine der größten Anlaufstellen für zeitgenössische Kunst in Europa. Anfang des letzten Jahrhunderts wurden mit den Deichtorhallen nahe des Hauptbahnhofs zwei imposante Markthallen erbaut. In einer der Industriehallen aus Backstein, Glas und Stahl steht heute moderne Fotografie im Mittelpunkt. Die Ausstellung *Gute Aussichten* präsentiert jedes Jahr Nachwuchsarbeiten renommierter Fotografie-Absolvent*innen.

1: „We Buy White Albums" – Rutherford Chang,
2: „Mother Tongue" – Mika Sperling,
3: „Y A MANIFESTO" – Lorraine Hellwig
// Deichtorhallen 2019, 2020

Der Gründungsdirektor des Hauses der Photographie, F.C. Gundlach, arbeitete zu Lebzeiten selbst als Fotograf. Besonders in der Modefotografie wurde er bekannt und konnte durch einen Exklusivvertrag mit der Zeitschrift *Brigitte* auf mehr als 160 Titelcover zurückschauen. Seine private Fotosammlung zählt zu den bedeutendsten des Landes und steht dem Museum auch heute noch als Dauerleihgabe zur Verfügung.

1: „87,6-107,8" – Lukas Glinkowski, 2: „Untitled (Shimmer)" – Daniel Schubert, 3: „Y A MANIFESTO" – Lorraine Hellwig, 4: „We Buy White Albums" – Rutherford Chang, 5: „Playtime" – Robert ter Horst // Deichtorhallen 2019-2020

GEMÄLDE, INSTALLATIONEN, SKULPTUREN

In der Halle gegenüber wird Kunst der Gegenwart gezeigt. Beispielsweise in der überraschenden Schau *Jetzt! Junge Malerei in Deutschland*, die das beizeiten eingestaubte Bild der Malerei mit gekonnten Pinselstrichen übermalen zu vermochte und beeindruckend bewies, welche Vielfalt auf das weiße Viereck zwischen dem Keilrahmen der Leinwand passt. Apropos weiß: In einer anderen Ausstellung konnte man durch eine Sammlung des amerikanischen Konzeptkünstlers Rutherford Chang stöbern, der 2.173 Exemplare des *White Album* von den Beatles besitzt – eine komplett weiße Schallplatte mit individueller Stempelnummer und „The Beatles"-Prägung auf dem Cover. Besucher*innen konnten vor Ort auch ihre eigene Platte verkaufen. Anders als in den Plattenläden, die wir auf S. 120 vorstellen, galt hier: je benutzter, desto besser.

DEICHTORHALLEN Deichtorstrasse 1 20095 Hamburg

②

Mit wachem
Blick auf der
*Oberhafen-
brücke.* Ma-
gisches Licht
fällt durch die
Stahlkon-
struktion und
wirft seine
Schatten.

Passant*innen halten inne. Einen Augenblick entfernt: die Deichtorhallen und das *Spiegel*-Gebäude.

Ein hutzelig-schiefes Häuschen von 1925 begrüßt am Eingang des Oberhafens die Besucher*innen. Die Oberhafen-Kantine entstand als Kaffeeklappe für all jene, die im ehemaligen Hafen arbeiteten. In diesem Areal wurden seit dem 17. Jahrhundert Elbkräne entladen, mit denen Obst und Gemüse stromaufwärts zum Markt am Deichtor gebracht wurde. Später spielten dann statt Schiffen Güterzüge die tragende Rolle, deren Gleise man noch heute erahnen kann. Inzwischen bietet das Oberhafenquartier aber vor allem ein in Hamburg rares Gut: **reichlich Platz, den die Kreativbranche der Stadt dankend annimmt und sich in industriell anmutenden Hallen, geräumigen Büros und auf kleinen Grünflächen niedergelassen hat.** Schaulustige können hier außerdem ei

obskures Juwel der Stadt erkunden; in der Hanseatischen Materialverwaltung findet man von lustigen Brillen über Kaminattrappen bis hin zu lebensgroßen Dinos so ziemlich alles zum Verkauf oder zur Leihe – falls man den Godzillasaurus doch nur über das Wochenende braucht. Darüber hinaus haben Parkourhalle, Filmstudio, Tischlerei, die Hobenköök (→ S. 42) und viele weitere Gewerke hier ihr Zuhause gefunden. Im September lockt außerdem die Indiecon (→ S. 144) Fans des Indie-Publishings über das holprige Kopfsteinpflaster in die alten Hallen.

ROLLSCHUHBAHN VON ROLLEN UND RAMPEN

Hamburgs grünes Herz schlägt im 47 Hektar großen Park Planten un Blomen (Plattdeutsch für Pflanzen und Blumen). Darin befindet sich temporär der einzige Skatepark der Hamburger Innenstadt: die Rollschuhbahn. Hier kommen im Sommer Skateboarder*innen aller Niveaus und Altersstufen zusammen und versuchen sich an Rampen, Grindstangen oder dem glatt beschichteten Boden. Auch wer der Bahn nicht kennt, wird sie mit Sicherheit finden: immer dem typischen Rauschen und Klackern hinterher. Unter dieser Geräuschkulisse können Spaziergänger*innen auf einer Tribüne in der Sonne verweilen, die ein oder anderen Tricks (und Stürze) bestaunen oder völlig unbeeindruckt ein gutes Buch lesen.

OLLIE, KICKFLIP UND ROLLSCHUH-JAM

An manchen Sommerabenden parkt am Rande der Rollschuhbahn ein blauer Bus, der fahrende Rollschuhverleih Rollerskate Jam Van von DJ Mad und Mitra Kassai. Sie veranstalten regelmäßig eine Silent Rollschuhdisco mit Funk-, Soul- und Hip-Hop-Musik auf Funkkopfhörern.

AUFS GLATTEIS GEFÜHRT – KUFEN STATT ROLLEN

Auch im Winter bleibt die Fläche nicht unbespielt: In den kalten Monaten entsteht hier eine Eisschuhbahn – mit über 4.300 Quadratmetern Gesamtfläche eine der größten Freiluft-Kunsteisbahnen der Welt. Im Gegensatz zur Rollschuhbahn ist dieses Angebot jedoch kostenpflichtig. Dann lässt sich dem Geräusch scharf bremsender Kufen auf Eis lauschen, beziehungsweise es vielleicht selbst erzeugen.

WEINLADEN

GEMÜTLICH IM ABGANG: AUF EIN GLAS ODER ZWEI – LIEBLICHES AUF ST. PAULI

Im Weinladen auf St. Pauli fließt neben Wein vor allem Wissen rund um Rebsorten, Anbaugebiete und Winzer*innen. Tagsüber lässt man sich im Laden zu neuen Tropfen beraten – als Geburtstagsgeschenk oder einfach für den Abend auf der Couch. Abends kommen Gäste zum Weintasting oder auf ein entspanntes Glas mit Freund*innen in der Bar vorbei. Egal, zu welcher Zeit – die Stimmung ist herzlich und entspannt. Verantwortlich dafür ist Inhaberin Stephanie Döring. Die Sommelière weiß, wie man Weine (im wahrsten Sinne des Wortes) schmackhaft macht, ohne mit Fachbegriffen einen frühzeitigen Abgang zu provozieren. All jenen, denen beim Genuss von Spätburgunder oder Riesling der Magen zu knurren beginnt, empfiehlt sich die Brotzeit mit Käse, Wurst oder Antipasti. Darauf hebt man gerne auch ein zweites Glas.

Harriet sitzt für das Gespräch mit Stephanie vor dem Weinladen; ist dort aber gewiss nicht die Einzige, die mit der Ladenbesitzerin sprechen möchte. Immer wieder kommt jemand aus der Nachbar*innenschaft vorbei, um zu klönen: von der Stammkundin bis zum Gastrofreund Jo vom Salt & Silver. Kein Wunder, denn Steph hat eine Menge zu berichten. STEPHANIE DÖRING

Was passiert im Weinladen?

S: Tagsüber kann man sich im Weinladen beraten lassen, ein paar Tropfen probieren und den Favoriten mitnehmen. Irgendwann ab 18 Uhr wird dann das Licht gedimmt, die Musik lauter gedreht und der Laden zur Weinbar umfunktioniert. Ich wollte immer eine Weinbar machen, die entspannt ist, nicht spießig. Ich mag das, wenn Nachbar*innen im Jogger hier ankommen und sich eine kalte Flasche Wein fürs Sofa holen, während ein paar Meter weiter Leute bei einem Glas zusammen sitzen. Das ist ein guter Vibe.

Du kommst aus der Hotellerie, wolltest mal ein eigenes Hotel eröffnen. Wieso ist es dann doch ein Weinladen geworden?

S: Ich wollte eigentlich immer ins Hotel – Hoteldirektorin werden. Ich finde, wenn man in ein schönes Hotel kommt, betritt man eine andere Welt. Ich mag es, Gastgeberin zu sein, Leuten jeden Wunsch von den Lippen abzulesen. Im neunten Schuljahr macht man ja so ein Betriebspraktikum für zwei Wochen. Ich habe meins damals in einem Zwei-Generationen-Hotel absolviert und es so geliebt – vom ersten Tag an. Ich besuchte zu der Zeit eine bischöfliche Schule, in der wir jeden Morgen beten mussten. Das habe ich gehasst. Und dann habe ich das Praktikum gemacht und sagte zu meinem Chef: „Urgh, Schule und Beten und all das! Ich bin hier so viel glücklicher." Daraufhin meinte er so: „Na komm, dann fang doch nächsten Monat hier die Lehre an." Das fand ich großartig.

Ohne Schulabschluss?

S: Und ohne Bewerbung. Meine Eltern fanden das nicht so witzig, aber so war es. Und dann habe ich die Ausbildung begonnen. In dem Hotel war Wein ein großes Thema. Der Senior-Chef hatte eine krasse Weinkollektion. Nach einer Weinprobe mit ihm war ich angefixt und habe sämtliche Weinbücher gelesen und weitere Proben besucht. Am Ende meiner Ausbildung hat mein Chef mich schließlich an Hendrik Thoma vom Fünfsternehotel Louis C. Jacob empfohlen. Damals war er *der* Sommelier. Einen Monat später zog ich nach

Hamburg und wurde Kommis Sommelière. Als Kommis Sommelière poliert man viele Gläser, räumt den Keller auf, aber das machte mir nichts aus, denn das Jacob hatte über 1.500 verschiedene Weine. Es war eine tolle Zeit, aber auch eine harte Schule.

Prägt dich diese „harte Schule" bis heute?
S: Ich bin schon auch streng, glaube ich. Mich nervt es, wenn Sachen schlampig gemacht werden. Wenn Wein zu warm serviert wird, weil man einfach zu faul ist, die andere Flasche zu greifen – da könnte ich ausflippen. Außerdem bin ich penibel, was die Sauberkeit der Gläser betrifft. Klar, wir sind eine Kneipe auf St. Pauli, ich könnte lockerer sein. Aber ich kann es nicht ablegen – ich habe einfach einen hohen Anspruch an Sauberkeit, Service und das Wissen, das wir im Weinladen vermitteln. Gleichzeitig will ich auf keinen Fall elitär wirken. Ich will, dass Leute den Wein so beschreiben, dass es bildlich ist. Und ich glaube, das macht ihnen großen Spaß. So was wie „feinkörnige Tannine" ist Spießer-Weinvokabular, das wir hier nicht gebrauchen können.

Dein Werdegang beinhaltet noch mehr Stationen. Du hast unter anderem mit dem Starkoch Gordon Ramsay gemeinsam Hotels geleitet.
S: Ja, und auch neu eröffnet, weltweit. Ich war da schon zur Chefsommelière aufgestiegen. Die Zeit war aufregend, aber auch sehr stressig. Deshalb wollte ich irgendwann ein Jahr Auszeit nehmen. Die letzte Hoteleröffnung, die ich mitgemacht habe, war in Kapstadt. Ich mochte es da total gerne, habe dort einen sehr faszinierenden Winzer kennengelernt, bei dem ich die Weinlese mitgemacht habe. Das war toll! Danach hätte ich mir auch gut vorstellen können, für Weingüter anstatt in der Gastro zu arbeiten.

Wie bist du dann doch wieder im Hamburger Gastro-Leben gelandet?
S: Ich war neun Monate in Südafrika. Dann bin ich mit nur einem Koffer nach Hamburg gezogen – für einen Job bei der Weinhandelsgesellschaft Hawesko. Für sie habe ich einen Pop-up-Store in der Bartelsstraße eröffnet und konnte mich dabei richtig austoben. Weil das Konzept so erfolgreich war, haben wir dann irgendwann nach einem festen Laden gesucht. Ich hatte Kontakte zu meinem Gastro-Kollegen Fabio Haebel, der meinte: „Du musst in die Paul-Roosen-Straße kommen!" Gesagt, getan. In unserem jetzigen Laden war früher mal eine Fischräucherei.

Anfangs hat der neue Weinladen aber noch zu Hawesko gehört?
S: Ja, das lief auch ganz gut. Am Ende war es mir dann aber doch etwas zu traditionell – ein Konzern eben. Sie wollten immer mehr Läden mit dem Konzept eröffnen und da habe ich gemerkt: Das funktioniert nicht. Was ich hier mache, das muss persönlich sein. Als ich ihnen meine Entscheidung mitteilte, meinte Hawesko: „Okay, wenn du es nicht weitermachst, wer soll es

weitermachen? Dann kauf doch den Bums." Eine ganz neue Herausforderung – ich hatte kaum Rücklagen oder eine Familie, die wohlhabend ist. Aber irgendwie habe ich es dann doch hinbekommen und den Weinladen Hawesko Ende 2018 abgekauft. Seitdem mache ich das hier alleine.

Wie wählst du den Wein aus?
S: Das ist ganz viel Gefühlssache – ich verkaufe das, was mich berührt, was ich gerne mag, was ich gerne trinke. Prinzipiell eher Wein von jüngeren, noch unbekannteren Winzer*innen. Nicht die großen Brands, sondern eher die Underdogs. Ich habe natürlich ein großes Sommelier-Netzwerk, in dem man sich ständig austauscht.

Netzwerken ist ein guter Punkt. Was bedeutet dir der Kontakt zu anderen Menschen in der Gastro-Szene?
S: Netzwerke sind super wichtig, sie haben mir immer geholfen. Netzwerke zu Winzer*innen, Netzwerke zu anderen Weinleuten, Netzwerke zu Sommeliers. In der Branche darf man sich nicht von diesen ganzen alten weißen Cis-Männern einschüchtern lassen. Ich tausche mich jetzt auch mit einer jungen Frau aus. Die hat mich angeschrieben und gefragt, ob wir uns monatlich treffen können. Sie war so mutig, hat gesagt: „Hey, ich find dich cool, ich will dich als Mentorin." Wer freut sich nicht über so eine Nachricht?

Du hast an so vielen unterschiedlichen Orten gearbeitet. Hast du mittlerweile in Hamburg das Gefühl, angekommen zu sein?
S: Ich habe ja schon einmal in Hamburg gewohnt. Aber das war zu meiner Gastro-Zeit im Hotel. Die Highclass-Gastrobranche ist nicht sehr sozial. Bei meiner erneuten Rückkehr nach Hamburg kannte ich daher niemanden so wirklich. Ich hatte mein Leben lang nur zwei Themen: Essen und Trinken. Ich genieße, dass ich jetzt so einen großen Bekannten-/Freund*innenkreis in Hamburg habe – mit Leuten, die auch andere Sachen machen als ich. Mein Horizont hat sich extrem erweitert. Ehrlich gesagt wache ich jeden zweiten Morgen auf und denke mir: Hey, das ist alles ein Traum.

Was sind deine Lieblingsorte in Hamburg?
S: Ich gehe total gerne ins Kinfelts in der Hafencity, das ist großartig. Der Max hat da echt mega Weine, gutes Essen und die Stimmung ist ganz easy, lässig, leger. Das XO finde ich auch super – Fabio ist mit seinem Laden mein Nachbar und gastronomisch ein echter Tausendsassa. Und dann ist da natürlich noch das Standard, das finde ich auch klasse.

Wir haben sehr viel über Wein gesprochen, ein Getränk, für das du offensichtlich brennst, das aber auch Risiken birgt. Wie gehst du mit dem Thema Alkoholkonsum und Alkoholabhängigkeit um?
S: Bei mir ist es so, ich kann supergut verkosten und ausspucken, wenn ich Weine probiere. Wenn ich im Dienst bin, probiere ich nur, trinke aber nicht. Das gilt auch für meine Mitarbeitenden. In der Gastronomie ist es sehr wichtig, Grenzen zu set-

SALT&SILVER

→ Man kennt sich: Steph mit Johannes Riffelmacher. Jo führt zusammen mit Thomas Kosikowski (auch als Cozy bekannt) das Salt & Silver an der Hafenstraße. Ihre Restaurants (ja, gleich zwei, aber direkt nebeneinander) verlassen Hamburg, allerdings nur kulinarisch: Das eine bietet levantinische, das andere lateinamerikanische Gerichte. Mit Blick auf die Elbe kann man auf der Terrasse ihrer Läden besonders gut von der Ferne träumen.

zen. Ich habe für mich die Regel, dass ich nur am Wochenende etwas trinke. Aber klar: Samstags trinkt man dann ein Glas, oder auch mal eins zu viel. Ich habe großen Respekt vor Alkohol.

Was begeistert dich besonders am Weinanbau?
S: Die Weinrebe ist eine krasse Pflanze. Die Wurzeln gehen ganz tief in den Boden und brauchen Stress, deswegen darf man Wein nicht bewässern. Du musst sie dem Stress aussetzen, nur dann findet sie ihren Weg zum Wasser, zu Mineralstoffen, zu den Vitaminen. Ein bisschen wie bei uns Menschen: Manchmal performen wir in Stresssituationen anders, besser. Hätten wir Corona nicht gehabt, dann hätte ich keine digitalen Tastings veranstaltet; wir hätten unser Online-Business und unser Lager nicht weiter ausgebaut und wären als Firma insgesamt nicht so stark weiter gewachsen.

Dieser Stress verlangt dir aber sicher auch viel ab, woher nimmst du die Energie?
S: Ich habe auch manchmal müde Phasen oder Snooze-Minuten. Aber ich liebe das, was ich tue. Alles ist unberechenbar mit so einem Laden und einem Team. Da ist der mal krank, dann fällt jenes Event aus und dann ist etwas anderes wieder kaputt. Diese Herausforderungen zu haben, macht mir tatsächlich derbe Spaß. Das liegt wahrscheinlich an meiner persönlichen Historie. Mein Leben hat mit 16 angefangen, weil ich dann begonnen habe zu arbeiten. Ich war in der Schule immer schlecht und ein bisschen Außenseiterin. Und jetzt macht es mir großen Spaß, Sachen zu entwickeln, Ideen zu generieren. Ich habe das Gefühl, dass man in Hamburg so viele Möglichkeiten hat. Wenn du dich einmal etabliert hast, kannst du machen, was du möchtest.

Denkst du über die Zukunft nach?
S: Ja, ich will das hier auf jeden Fall noch weiter durchziehen und auch noch weiter entwickeln. Auf lange Sicht sehe ich mich allerdings eher im Hotel. Mein Ziel ist es, irgendwann ein kleines Bed & Breakfast in Portugal oder Südfrankreich zu eröffnen. Fünf Zimmer, eine Honesty-Bar und ein langer Tisch, an dem alle gemeinsam frühstücken.

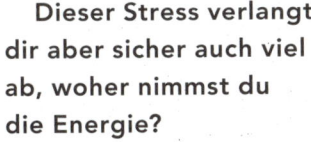

AM WASSER GEBAUT
SPEICHERSTADT

Brücken, Kopfsteinpflaster und historische Lagerhäuser prägen das Bild der Speicherstadt. Die Speicher stehen hier aber noch gar nicht so lange: Erst ab 1883 wurde das Gebiet durch Änderungen im Zollsystem vom Wohnviertel zum zollfreien Zwischenlager. Seither werden in den Klinkerbauten Güter wie Kaffee, Gewürze und Teppiche gelagert. Tourist*innen und Hamburger*innen fühlen sich hier gleichermaßen wohl. Neben den Speichern sticht ein Gebäude besonders hervor: das Wasserschloss. Mit Einbruch der Dunkelheit strahlt es dank Beleuchtung noch auffallender.

ZWISCHEN

KIMO

Wo gibt es die beste Falafel in Hamburg? Eine schwierige Frage, deren Antwort dieses Buch nicht zu geben wagt. Die Suche nach einer Antwort sollte aber definitiv auf der Schanzenstraße beginnen – dem Ballungszentrum der Falafelläden. Einer davon ist der arabische Imbiss Kimo. Zwei Brüder servieren hier Falafel, Hummus, Baba Ganoush und Shawarma zu günstigen Preisen. Wer „Falafel Kimo" bestellt, bekommt von allem etwas: frische Salate, gewürzte Kartoffeln, gebackenen Blumenkohl und eingelegte Aubergine – direkt im Fladenbrot. Wer sich beim ersten Bissen fragt, was es mit der zimtigen Paste auf sich hat, von der ein Klecks als letzter Streich oben draufgeschmiert wird: Das ist Walnussmus. Nice-to-know für Falafel-Hungrige in Ottensen: Ein dritter Bruder führt dort das Pyramides mit ähnlichem Konzept.
Schanzenstraße 111, 20357 Hamburg

DIE KIEMEN

CANTINA FUX & GANZ

Die Cantina Fux & Ganz in Altona-Nord wird von drei der insgesamt rund zweihundert Genossenschaftler*innen betrieben, die 2015 der Stadt Hamburg die ehemalige Viktoria-Kaserne abgekauft haben. Mitten im neuen Zuhause für Kulturschaffende bietet die Kantine von Montag bis Freitag einen wechselnden Mittagstisch. In der Küche spiegelt sich die Herkunft der Betreiber wider: Argentinien, Ecuador und Süddeutschland. Empanadas stehen hier genauso oft auf der Karte wie Ofenkartoffeln. Und zum Wochenende heißt es: „Egal, ob du von der Technoparty oder aus der Kirche kommst, Sonntag ist Brunch-Tag!" Apropos Techno: Den gibt es bei regelmäßigen Partys im Frappant - ebenfalls in der Kaserne.

Bodenstedtstraße 16, 22765 Hamburg

ISEMARKT

Selbst wenn es regnet, kann man ganz entspannt über den überdachten Isemarkt schlendern: Seine zahlreichen Stände befinden sich unter den Schienen (Viadukt) zwischen den U-Bahnhöfen Eppendorfer Baum und Hoheluftbrücke. Hier werden würziger Käse, frische Nudeln, knackige Äpfel und viele weitere Köstlichkeiten von lokalen Bauernhöfen verkauft. Mehrere mobile Kaffeestände laden nach ausgiebiger Einkaufstour zum kurzen Verweilen ein.

Isestraße 11, 20144 Hamburg

VIA VAI PIZZA

Eine Schere ist der Grund, warum das Via Vai Pizza Al Taglio gegenüber des Kulturzentrums Fabrik bei vielen Hamburger*innen nur „Schnibbelpizza" heißt. Hier kann selbst entschieden werden, von welchen der riesigen Pizzen hinterm Tresen man wie viel abgeschnitten bekommen möchte. Statt nach Speise wird hier nach Gewicht bezahlt. Perfekt für alle, die sich nicht entscheiden können - und ihr Essen nicht teilen wollen.
Bahrenfelder Str. 223, 22765 Hamburg

HOBENKÖÖK

In einer der großen Hallen des Oberhafenquartiers (→ S. 20) findet sich seit 2018 eine Kombination aus Restaurant und Markthalle: die Hobenköök („Hafenküche" auf Plattdeutsch). Neben frischem Obst und Gemüse, Fleisch und Fisch sind die Regale hier gefüllt mit Produkten von kleinen Hamburger Manufakturen. Gekocht wird im Restaurant täglich frisch - inspiriert von den vorhandenen Produkten - um so wenig wie möglich wegzuschmeißen.
Stockmeyerstraße 43, 20457 Hamburg

BADSHAH

Intensiver Currygeruch begrüßt die Gäste beim Betreten des im Souterrain gelegenen Restaurants Badshah am Hansaplatz in St. Georg. Bestellt wird hier (lautstark) am Tresen direkt vor der offenen Küche. Der Laden ist simpel gehalten, der Gastraum eng bestuhlt, die Preise unschlagbar. Inhaber Sukhdev Singh Josan konzentriert sich seit 2004 auf nordindische Küche - ohne jegliches Bling-Bling. Dennoch ist das Badshah ein verstecktes Juwel: Auf das Blechtablett mit eckigen Mulden kommen hier Köstlichkeiten wie Palak Paneer Thali - hausgemachter indischer Käse mit würzigem Spinat, dazu Linsensuppe, Naan und ein kleiner Salat.
Bremer Reihe 24, 20099 Hamburg

IN TÖPFEN UND PFANNEN DURCH DIE KULINARISCHE WELT HAMBURGS REISEN: AUF DIE HAND, AUF DEN TELLER, AUF DAS LEBEN!

Pizza Bande: ausgefallen, kieznah, vollgestickert → St. Pauli
WAT DAT PHO: schlürfen, urig, vietnamesisch → Wilhelmsburg
Saint Pablo's Taco Shop: Tacos, Quesadillas, kunterbunt → Sternschanze
Momo Ramen: würzig, japanisch, verwinkelt → Eimsbüttel
Tigre: lateinamerikanisch, zum Teilen, lebhaft → Ottensen
Hui Cookshop: leicht zu übersehen, chinesisch, Dumplings → St. Pauli
La Maison: französisch, Fusion, gemütlich → Karoviertel
Wohlers: parknah, deutsch-französisch-österreichische Küche, bodenständig → Altona
Juwelier: Mittagstisch, Leute gucken, deutsch-mediterran → Eimsbüttel
Kapara: Hummus, Party, L'Chaim → St. Pauli
Marend: Knödel, Knödel, Knödel → St. Pauli

KUNST, MAGAZINE UND BÜCHER
GUDBERG NE

Was eigentlich eine ganze Ladenzeile bräuchte, ist bei Gudberg Nerger an einem Ort zu finden. Das Ladengeschäft ist Magazin- und Designladen, Galerie für zeitgenössische Kunst, Verlag und Agentur in einem. Kein Wunder: Inhaber sind der Filmregisseur und Creative Director Jürgen Nerger und der Designer und Magazinmacher Jan Müller-Wiefel. In ihrem schicken Ladengeschäft können Independent-Magazine und Bücher aus aller Welt durchgeblättert werden. Themen wie Design, Kunst, Fotografie und Reisen werden in den Regalen des Raums fokussiert. Moderne Kunst gibt es auch in der Galerie nebenan. Das Schild vor dem Laden mit den aktuellen Informationen zu Ausstellungen und Angeboten ist dabei schon selbst oft ein Kunstwerk.

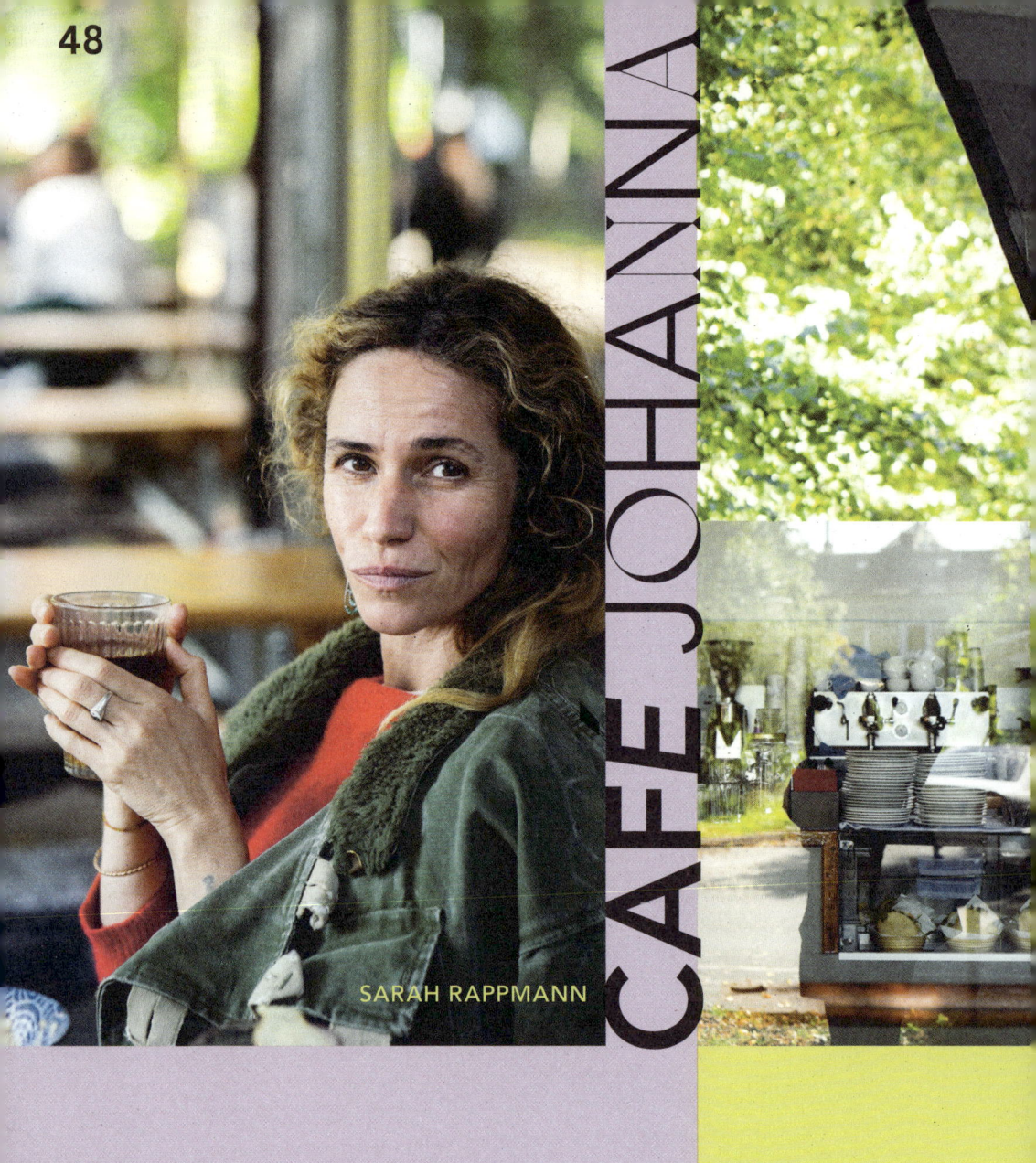

CAFE JOHANNA

SARAH RAPPMANN

In unmittelbarer Nähe zu Hamburgs bekanntesten Sehenswürdigkeiten hat 2008 das Café Johanna eröffnet. Während sich wenige Meter entfernt die Tourist*innen durch das Portugiesenviertel in Richtung Hafen drängen, ist es am Venusberg nahe des Michels idyllisch ruhig. Im Morgentau der ersten Sonnenstrahlen, deren Glanz durch die Bäume vor dem Laden fällt, erscheint dieser Ort nahezu magisch. Mit Blick ins Grüne lassen sich an langen Fensterbänken leckere Frühstücksmenüs, Salate und hausgemachte Kuchen verspeisen.

IM EINSTIGEN KIOSK

Der Raum des Café Johanna überzeugt durch viel Licht und Schlichtheit. Verantwortlich für Letzteres ist Besitzerin Sarah Rappmann, die einst als Stylistin arbeitete und Betonwände mit schlichten weißen Tüchern und riesigen Zweigen in gemütlicher Klarheit zu kombinieren weiß. Namensgeberin für das Café ist übrigens Johanna Knuth, die Vormieterin des Ladens – sie führte hier bis ins hohe Alter einen Kiosk. In den Monaten vor ihrem Tod kam sie noch jeden Nachmittag zum Kaffeetrinken vorbei: immer an Tisch 1. Ein Foto mit ihr auf einem Schrank erinnert auch heute noch an die Frau, die in der Nachbar*innenschaft größte Beliebtheit erfuhr.

CAFÉ JOHANNA *Venusberg 26 20459 Hamburg*

STANDARD AMORE UND APERITIVOKULTUR

An der Ecke Große Freiheit und Paul-Roosen-Straße erwacht zur Aperitivozeit ein Stück Italien auf St. Pauli. Im Standard wird der Aperol Spritz mit einer grünen Olive gereicht, im Negroni Sbagliato steckt eine gedörrte Blutorangenscheibe. Doch nicht nur die Drinks versprühen urlaubige Amalfiküsten-Vibes. In den zwei Galträumen sorgen lange Tafeln und schummriges Licht für geselliges Beisammensitzen und warmes Ambiente. Zu späterer Stunde stehen Gäste munter plaudernd mit neuen Bekanntschaften am schicken Marmortresen. Ein Besuch im Standard wirkt schnell wie ein Abend unter und bei Freund*innen – mit einem sehr feinen Einrichtungsgeschmack. Die Aperitivo-Bar ist mittlerweile zu einer regelrechten Institution geworden. Den während der Coronazeit eigens designten Italo-Merch in Form von Caps und Shirts verkauft das Standard mittlerweile weit über die Grenzen Hamburgs hinaus.

JASMIN BALTRES

STANDARD Große Freiheit 90 22767 Hamburg

EIN DRINK KOMMT SELTEN ALLEIN

Besonderes Highlight der Bar ist das Essenskonzept, das die Küchenchefin Jasmin Baltres mit dem kreativen Standard-Team entwickelt hat: Stuzzichini. Warme und kalte Häppchen, die als Gruß aus der Küche in regelmäßigen Abständen zu den Drinks serviert werden. Die Stuzzichini werden jeden Tag anders, aber immer mit viel Amore zubereitet. Vegetarisch-vegan, farbenfroh – eine echte Gaumenfreude und im Preis der Drinks inbegriffen.

CATHARINA BERNHARDT

APPEN PaPPEN

VEGAN AUFGETISCHT

Catharina Bernhardt lebt in ihrem Happenpappen an der Feldstraße eine einfache Philosophie: vegane Gerichte für alle kochen, ohne die Ernährungsweise dabei als Aushängeschild zu benutzen. Dafür steht sie selbst häufig in der Küche und zaubert leckere Quiche, deftige Bowls und frische Salate. In den Töpfen landen dabei viele Zutaten, die gerade Saison haben und regional bezogen werden können. Auf dem wechselnden Mittagsmenü stehen so zum Beispiel mal eine Knödel-Bowl mit Rotkraut-Apfel-Salat und an einem anderen Tag eine bunte Gemüsezusammenstellung zum Linsen-Dal.

Cathy kochte vor einigen Jahren noch selbst als Angestellte für das Happenpappen. Damals war der Laden unter anderer Führung und diente mit Sitz in Eimsbüttel unter anderem als Kochschule. Als der Besitzer sich 2016 auf seine Kochkurse konzentrieren wollte, übernahm Cathy das Happenpappen. 2017 zog es vom Stadtteil Eimsbüttel nach St. Pauli. Hier tischt Cathy heute gemeinsam mit ihrem Team täglich einen wechselnden Mittagstisch auf. Für den Nachtisch oder einfach zwischendurch warten in einer Glasvitrine Kuchen und Torten. Am Wochenende kann man zudem den ganzen Tag lang frühstücken. Generell sind die Portionen hier ziemlich üppig. Achtung: Schnell voll werden gerade abends aber nicht nur die Bäuche, sondern auch die Tische.

**ERFOLGSREZEPT:
LIEBE
LIEBE
LIEBE
LIEBE
LIEBE
MIT LIEBE SERVIERT**

HAPPENPAPPEN Feldstraße 36 20357 Hamburg

RAUM FÜR ILLUS

(T)RAUM FÜR ILLUS
AUFGEWECKTE KUNS

Voluminöse Körper, obskur verhakte Finger, wild-bunte Muster: Was nach Fiebertraum klingt, ist das Schaufenster vom Raum für Illustration. Die Galerie, die gleichzeitig Shop und Studio ist, zieht durch ihr immer buntes Schaufenster zu jeder Tages- und Nachtzeit

**ATION – VON UND FÜR
‾LIEBHABER*INNEN**

‾RATION

die Blicke der Vorbeispazierenden auf sich. Und das zu Recht, schließlich können Interessierte ständig neue Drucke, Postkarten und Spielereien entdecken. Verantwortlich für diesen Tagtraum auf der Paul-Roosen-Straße ist Grafikdesigner Philipp Schultz, der den Laden 2019 mit Kollegin Beate Pietrek gründete und heute alleine führt.

Philipp Schultz

Wir sitzen mit Hockern auf dem Bordstein vor dem Laden, die Rücken an das Schaufenster gelehnt. Zwei Läden weiter summt die Geräuschkulisse vom Café Kraweel. Philipp erzählt, dass dies sein erstes Interview ist. Das Unbekannte der Situation vergeht jedoch schnell, als er mit leuchtenden Augen von seiner Leidenschaft für Illustration berichtet.

1

Was ist der Raum für Illustration und wie ist er entstanden?
P: Der Raum für Illustration ist eine Mischung aus Galerie, Shop und Studio. Er ist hauptsächlich aus dem Studio-Gedanken heraus entstanden. Meine liebe Arbeitskollegin Beate und ich haben beide ein Sabbatical gemacht, für ein Jahr einen Raum gemietet und losgelegt. Die Idee war erst einmal, eine Illustrationsausstellung zu machen, um ein bisschen Aufmerksamkeit zu generieren. Die Ausstellung hieß *It's sticky*. Wir haben dreißig Künstler*innen gebeten, uns einen Sticker zu gestalten. Sie hatten totale Freiheit, einzige Vorgabe war das Format. Zusammen mit unserem eigenen Motiv haben wir sie dann jeweils tausend Mal gedruckt und bei der Eröffnung in die Mitte des Raumes gelegt – die Wände hatten wir schwarz gestrichen. Die Besucher*innen konnten die Wände bekleben und die Sticker mit nach Hause nehmen oder ihren Heimweg verzieren. Bis die 31.000 Sticker verklebt waren, hat es etwa ein Jahr gedauert.

War das die Gründung vom heutigen Raum für Illustration?
P: Das war die erste Aktion, die wir gemacht haben. Dann folgte jeden Monat

1: Arne Bellstorf, 2: Fortune Drawings, 3: Mariipol, 4: Jay Daniel Wright

eine neue Ausstellung und wir waren Teil des Comic Festivals. Mein Highlight war unsere Zine Library. Für diese Ausstellung habe ich auf der ganzen Welt, und wirklich auf der ganzen Welt, Leute angeschrieben, ob sie uns Zines für unsere *Zine Library* schicken. Insgesamt haben wir dann circa sechshundert Zines aus 24 Ländern geschickt bekommen – aus Korea, Kanada, Bulgarien. Von überall her kamen jeden Tag Pakete mit Zines. Da wurde mir klar: Ich will nichts anderes mehr machen als Sachen verbinden, Orte schaffen, Projekte entwickeln. Mein Sabbatjahr war vorbei und ich wollte

nicht wieder zurück ins Büro. Dann habe ich zufällig den neuen Raum hier in der Paul-Roosen-Straße angeboten bekommen. Ein Sahnestück, das ich nicht ablehnen konnte.

Nach dem einen Jahr mit Beate hast du dann alleine weitergemacht.
P: Genau. Beate ist wieder zurück zur *Zeit* und gestaltet dort jetzt unter anderem die Titelseiten. Also habe ich das Konzept allein erweitert, irgendwie musste ja auch Geld reinkommen. Das große Schaufenster schrie quasi: Ich muss etwas verkaufen! Und so kam neben dem Studio und der Galerie ein Shop hinzu, in dem ich Zeug von Künstler*innen verkaufe. Dazu drucke ich Prints auf meinem Risodrucker, teilweise auch Zines und Postkarten. Es gibt jetzt auch ein paar kleine Kooperationen – die Wichtigste ist definitiv die mit Cleptomanicx.

Der Raum für Illustration ist wie du sagst nicht nur Galerie und Laden, sondern auch ein Studio. Was macht ihr da?
P: Verschiedenes, aber zum Beispiel Scouting – ein*e Kund*in sucht eine*n Illustrator*in und ich finde ihn*sie. Ich habe keine Illustrator*innen bei mir unter Vertrag, sondern arbeite, wie ich das bei früheren Arbeitgeber*innen gemacht habe: Ich suche auf der ganzen Welt nach einem passenden Strich. Daneben biete ich klassisches Grafikdesign an. Nehmen wir eine Milchpackung: Ich gestalte die Milchpackung

1: Juj Gordon, 2: Laura Junger

fragt auch eure Freund*innen". Parallel habe ich über Instagram einen Open Call gestartet. Außerdem habe ich im Netz weltweit Illustrations-Plattformen und die Line-ups von Messen durchforstet und die Künstler*innen auf Gutglück angeschrieben. Das war ziemlich viel Arbeit. Ich habe zwei Monate lang nur recherchiert und Mails geschrieben. Aber es hat sich gelohnt. Mittlerweile werde ich von Künstler*innen und suche eine*n Illustrator*in, der*die das Gerüst der Milchpackung mit Leben füllt. Ich mache das Briefing und suche die Person aus. So wird das eine runde Sache.

Wie findet man denn so viele verschiedene Illustrator*innen aus unterschiedlichen Ländern?

P: Am Anfang waren es hauptsächlich Leute, die wir durch die Arbeit für die *Zeit* schon kannten. Bei der Zine Library bin ich mit meinen Kontakten dann an meine Grenzen gestoßen. Ich habe allen möglichen Leuten Bescheid gesagt. Durch die Bank weg. Nach dem Motto: „Schickt mir euer Zeug, aber

und Illustrator*innen angeschrieben, die mit mir arbeiten wollen.

Mal von der anderen Seite betrachtet: Wie wird man Illustrator*in?
P: Illustrator*in wird man, indem man Lust hat, kein Geld zu verdienen. Nein, Quatsch. Der klassische Weg ist ein Illustrationsstudium. Und dann braucht man wirklich sehr viel Ehrgeiz, muss viel arbeiten, Kund*innen finden usw. Ich finde es total wichtig, dass ein*e

Illustrator*in einen eigenen Strich, einen eigenen Stil und eine eigene Art zu denken hat. Illustrator*innen sind im Grunde Autor*innen.

Wenn ich an Illustrator*innen in Deutschland denke, dann denke ich automatisch an große Namen wie Christoph Niemann.
P: Christoph Niemann ist natürlich ein großartiger Typ. Er hat durch seine Zeit in New York heftige Kunden gehabt, ist ein umtriebiger Typ und hat ganz viele tolle Ideen. Es gibt noch andere große Namen wie zum Beispiel Henning Wagenbreth, der als Professor eine ganze Generation von Illustrator*innen geprägt hat. Das Hamburger Pendant wäre Anke Feuchtenberger.

Ist es eher eine männliche Szene?
P: Ich finde eigentlich nicht, nein. Also bei mir im Laden sind die Künstler*innen relativ gemischt. Ich habe das Gefühl, dass zum Beispiel hier an der HAW (Hochschule für angewandte Wissenschaften Hamburg) mehr Frauen Illustration oder Gestaltung studieren als Männer. Das ist vielleicht wieder so ein gesellschaftliches Problem, dass die Männer mehr wahrgenommen werden? Ich weiß es nicht. Das Faire bei Illustrationen: Im Endeffekt kommt es auf die Arbeit an, die du machst.

… aber auch auf die Sichtbarkeit der Arbeit, oder?
P: Ja, klar. Aber schau dir zum Beispiel Anna Haifisch an, prämiert mit dem Max und Moritz-Preis als beste Zeichnerin 2020. Ich liebe sie sehr. Sie ist eine super Person, hat einen wahnsinnig guten Humor, ist grafisch der Knaller. Sie baut unverkennbare Bilder. Die würde ich auch mit auf den Scheffel der wirklich guten Leute stellen. Anna Haifisch ist einfach großartig. Groß, groß, großartig. Und da gibt es noch andere wie Nadine Redlich, Cynthia Kittler oder Stefanie Leinhos. Ja, ich weiß auch nicht, warum trotzdem die Bekanntesten wieder die Männer sind.

Warum brennst du denn eigentlich so

1: Julian Fiebach, 2: Egle Zvirblyte, 3: Animationseries2000

für Illustration?

P: Ich finde es großartig: Man stellt Illustrator*innen eine Aufgabe und dann kommt etwas zurück, was total verblüfft. Während meiner Zeit als Art Director bei Zeit Leo sollten wir einen Text über Sexuallehre illustrieren. Es ging darum, wie man schwanger wird, aber auch um Kondome, knutschen, alles mögliche. Die Illustratorin, Ariel Davis, hat zwar Blümchen und Bienchen gezeichnet, aber auch Nacktheit und Nähe. In einem total modernen Strich, den du auch locker für ein Erwachsenen-Magazin hättest nehmen können. Trotzdem super kindgerecht, ganz fantastisch in Beige-Tönen gehalten. Einfach großartig! Aus solchen Momenten entstand meine Liebe, glaube ich.

Ihr habt euren Raum auf St. Pauli eröffnet. Wolltest du gezielt in diesen Stadtteil?

P: Das hat sich alles so ergeben, aber ja. Die Paul-Roosen-Straße ist für mich die schönste Straße von St. Pauli. Es ist hier wie ein kleines Dorf: Jede*r kennt und grüßt sich. Dieser Ort ist magisch und ich liebe ihn.

Hast du Lieblingsprodukte, die du in deinem Laden verkaufst?

P: Zines finde ich großartig als Gesamtpaket. Prints von Hurrikan Press, die mag ich einfach total gerne. Meine eigenen Prints verkaufe ich auch hier. Und natürlich die Clepto-Shirts, die finde ich richtig geil und ich freue mich unglaublich, dass ich sie hier haben kann. Cleptomanicx war bisher meine Lieblings-

DIE ILLUSTRIERTE

→ Gemeinsam mit Philipp vom Raum für Illustration haben wir sechs Hamburger Illustrator*innen gefragt, was Hamburg für sie ausmacht. Ihre Antworten zeigt das Zine in diesem Buch.

Hamburg ist mit Häusern voll.

Viele sind aus Klinkern.

Die Straßen sind mit Autos voll.

Und ebenso mit Menschen.

Der Himmel ist mit Wolken voll.

Dann regnet es.

◀ Mone Seidel

Niklas Wesner

warum · bin · ich · eigentlich · nie · hier?

Annina Brell lebt mit ihrer Familie in der Nähe eines Tattoo-Studios und ist Mitorganisatorin des Comicfestival Hamburg.

Julian Fiebach amüsiert arbeitsmüde Comicfreunde mit seinem Werk The Worker, leitet an der HAW die Siebdruckwerkstatt und spielt gerne Frisbee.

Mone Seidel liebt Pistazieneis, Papercuts und Promenaden. Sie zeichnet collagenartige, fast poetische Motive.

Niklas Wesner paddelt weder auf der Elbe noch auf der Alster, aber er geht an beiden sehr gerne spazieren. Er gestaltet seine Illustrationen wie ein Regisseur in einer surrealen Traumwelt.

Jul Gordon hat fünf Jahre im Künstler*innenhaus Vorwerkstift gewohnt – und es gezeichnet, weil es bisher ihr liebstes Zuhause war. Sie arbeitet auf Papier und mit Stoff.

Statt am Elbstrand steht Krashkid zum Beispiel auf hohen Leitern und malt Murals – eins davon prangt an einer Hauswand in der Stresemannstraße.

kooperation. Wir haben uns gemeinsam für das Thema „How to make it better?" entschieden und vier Künstler*innen diese Frage gestellt: Anna Haifisch, Nadine Redlich, Jan Buchczik und Arne Bellstorf. Die Künstler*innen liegen mir alle sehr am Herzen. Ich finde die Antworten lustig und interessant, die sie gegeben haben, besonders weil sie so unterschiedlich sind. Und Cleptomanicx ist halt Hamburg für mich.

Was macht für dich darüber hinaus Hamburg aus?
P: Dass es nicht ein Hamburger Stadtbild gibt. Jedes Viertel hat seine eigene Richtung. St. Pauli ist natürlich so ein bisschen hipper, aber auch noch ein bisschen rotten hier und da. Mein Herz schlägt für Altona-Altstadt, alles rund um die Große Bergstraße. Das ist einfach mein Lieblingsviertel.

Ihr habt im Raum für Illustration eine Sticker-Ausstellung, die Zine Library, Poster-Prints und super viele andere Sachen gemacht. Alles analog?
Ich bin überhaupt kein Web-Mensch. Deswegen habe ich auch nie Webdesign gelernt. Ich finde, Erfahrungen macht man am besten im Buch, auf der Straße oder bei einer Ausstellung. Alles, was gelebt wird. Ich wollte auch neue Räume einnehmen – je absurder, desto besser. Ich habe Bock, Grenzen zu testen.

MUSEUM FÜR KUNST UND GEWERBE

Zwar passierten bei der Eröffnung 1877 noch Pferdekutschen statt Busse das Museum für Kunst und Gewerbe (damals noch Museum für Kunst und Industrie), die Idee aber blieb: Durch Geschmacksbildung wollte man das künstlerische Niveau des Handwerks steigern. Kunsthandwerker*innen sollten vorbildliche Gestaltung aus aller Welt zu sehen bekommen - bis 1970 auch in der hauseigenen Gewerbeschule. Praxisnah geht es im Museum neben dem Hamburger ZOB auch heute noch zu. Die Dauerausstellung im MKG umfasst etwa 500.000 Sammlungsstücke - von der thronenden Madonna aus Elfenbein des Mittelalters bis zum Taschenrechner von Dieter Rams. Eine weitere Besonderheit: vollständig erhaltene Ensembles historischer Innenräume wie die Spiegel-Kantine, entworfen von Designer Verner Panton. Die knallige Umgebung in Orange-, Rot- und Lilatönen ist eine Schenkung des Hamburger Verlags. Im MGK lässt sich vom Klassiker bis zum großen Ensemble eine Vielzahl an Objekten bestaunen, weshalb das Museum auch als eines der wichtigsten Häuser für Gestaltung in Deutschland gilt.
Steintorplatz, 20099 Hamburg

1: Low Bros,

NOCH MEHR KUNST

AFFENFAUST GALERIE

Die Affenfaust Galerie hat ihren Ort gefunden: In einer ehemaligen Aldi-Filiale am Ende der belebten Paul-Roosen-Straße spendiert sie Urban Art und zeitgenössischer Kunst tausend Quadratmeter Fläche. Dabei wird seit ihrer Gründung 2012 mit eiserner Affenfaust jungen Kunstschaffenden ein Ort für ihre Werke geboten, während auch international renommierte Künstler*innen zu Besuch sind. Die Affenfaust mischt auch bei Veranstaltungen wie dem Reeperbahn Festival (→ S. 142) mit. Durch das Knotenpunkt Festival malt sie einen eigenen Farbklecks in den Veranstaltungskalender der Stadt.
Paul-Roosen-Straße 43, 22767 Hamburg

2: Tizian Baldinger, 3: John Trashkowsky, 4: Darko C. Nikolic, 5: AQUAGRINGO, 6: 1UP

TEIKEI KAFFEE

SOLIDARITÄT, SPEZIALITÄTENKAFFEE UND EIN SCHNACK AM PLATZ DER GENOSSENSCHAFT

Wenn man eine Weile vor dem Teikei in der Marktstraße sitzt, könnte man meinen, die Besitzer kennen alle vorbeikommenden Gäste persönlich. Bei vielen Menschen, die für solidarischen Speciality Coffee und frische Cardamom Buns kommen, mag das sogar stimmen. Aber auch Neuzugängen schmeckt der Kaffee gleich noch besser, wenn sie mit einem Lächeln erfahren, dass er mit dem Segelschiff von Mexiko nach Hamburg transportiert wurde. Das ist Teil eines Konzepts für solidarische Landwirtschaft, das der Vater von Cafégründer Aaron Küppers entwickelt hat. Für das Café hat der Sohn vieles der Einrichtung selbst gebaut: Regale aus Marmor, den Tresen und die Kücheneinrichtung. Gemeinsam mit Arndt Steinacker hat er das Café im Karoviertel gegründet, das übrigens auch jenseits des Teikeis einen Besuch wert ist.

Auf einen Filterkaffee trifft Harriet die beiden Gründer im Spätsommer – gerade als die letzten Sonnenstrahlen des Tages die Marktstraße in ein goldenes Licht tauchen. Die perfekte Kulisse, um von der gemeinsamen Vision der beiden zu erfahren.

**AARON KÜPPERS
ARNDT STEINACKER**

Aaron und Arndt, ihr habt 2019 gemeinsam das Teikei in der Marktstraße eröffnet. Wie habt ihr zwei euch kennengelernt?

AR: Das war an einem Samstag im damaligen Less Political. Es war arschvo Ich stand an der Kaffeemaschine und Aaron ging an der Schlange vorbei a mich zu. Ich hatte dreißigtausend Bo und er fragte mich so: „Hey, ich mach da so was, Segelschiff, nachhaltig, so lidarisch. Habt ihr nicht Bock, unsere Kaffee zu rösten?" Ich fand ihn irgen wie sympathisch, das weiß ich noch. Also sagte ich: „Hey, jetzt nicht – abe lass uns doch einfach mal schnacken.

Das mit dem Kafferösten hat dann aus Gründen nicht funktioniert, aber die Chemie zwischen uns hat gepasst.

AA: Ich war zu der Zeit auf der Suche nach einer Rösterei in Hamburg. Wir wollten Teikei herholen.

Was genau ist denn das Teikei-Projekt?

AA: Das Projekt ist ein Gemeinschaftsprojekt. Mein Vater hat es iniziiert und ich habe ihn von Beginn an begleitet. Am Ende haben wir es als Gruppe entwickelt. Die Ursprungsidee von Teikei war, solidarische Landwirtschaft interkontinental zu adaptieren.

Bäuer*innen bauen in Mexiko für euch Kaffee an, den ihr dann mit einem Segelschiff über den Atlantik nach Hamburg bringt. Wieso denn eigentlich Kaffee?

AA: Wir wollten die Produkte so emissionsarm wie möglich über den Atlantik bringen. Für den Segeltransport spricht auch die stark reduzierte Lärmemission. Kaffee war für uns der perfekte Startpunkt. Es ging und geht uns um die Idee, eine Wirtschaftsweise durchzuführen, basierend auf hoher Qualität, gerechten Löhnen und durch Mitglieder gestützt. Mein Vater hat jahrelang an seinem Modell für solidarische Landwirtschaft gearbeitet, das auf unsere globalisierte Welt eingestellt ist. Kaffee kann man nun mal nicht in den Harburger Bergen anbauen. Menschen wollen aber auch nicht auf ihren Cappuccino am Morgen verzichten. Teikei hat mittlerweile über tausend Mitglieder in Deutschland und der Schweiz.

AR: Bei solidarischer Landwirtschaft geht es darum, die ganze Wertschöpfungskette von A bis Z persönlicher zu gestalten. Wenn man weiß, welche Menschen hinter dem Kaffee stecken, dann will man automatisch nicht, dass man nur einen Dumping-Preis zahlt, dass es den Leuten schlecht geht. Weil man dann eine persönliche Verbindung zu dem Produkt und seinen Produzent*innen hat. Die Bäuer*innen in Mexiko sollen gut davon leben können und nicht am Hungertuch nagen müssen. Das funktioniert sehr viel besser, wenn man weiß, wer das ist. Wir zahlen fast doppelt so viel, wie Fairtrade vorsieht.

Also ihr orientiert euch nicht an Marktpreisen, sondern...
AA: ...sondern am Wohl unserer Mitmenschen.
AR: Genau, ganz humanistisch eigentlich. Wir leben von der Welt und mit ihr und müssen mit der Welt und auch mit den Menschen auf dieser Welt im Einklang leben. Was bringt es uns, wenn wir gegeneinander wirtschaften?

Auf euren Verpackungen findet man keine Fairtrade-Siegel, hat das einen bestimmten Grund?
AA: Wir haben bisher immer auf Fairtrade-Siegel und das Bio-Siegel verzichtet. Das kostet alles viel Geld – das ist vielen Leuten wahrscheinlich gar nicht bewusst. Unser Ziel ist Transparenz. Solange unsere Verbraucher*innen nachschauen können und uns dann vertrauen, dass wir saubere Arbeit machen, brauchen wir das nicht besiegeln lassen. Und grundsätzlich sind wir bei uns im Team alle der Meinung, dass jedes Unternehmen, das nicht biologisch arbeitet, sich das besiegeln lassen müsste – und zwar kostenpflichtig.
AR: Ich glaube, das ist ein ganz wich-

tiger Punkt: Es sollte eher andersherum sein. Es sollte ja normal sein, dass man faire Löhne auszahlt, dass man nachhaltig wirtschaftet und das nicht besonders kennzeichnen muss.

Dass solidarische Landwirtschaft und nachhaltige Konzepte hinter eurem Café stehen, erkennt man vielleicht erst auf den zweiten Blick, wenn man euren Laden betritt.
AA: Für uns schließen sich rosa Fußböden und ein sinnstiftender Wirtschaftsansatz mit nachhaltigen und sozialen Werten nicht aus.

Wieso habt ihr beschlossen, neben

dem Teikei-Projekt auch noch ein eigenes Café zu eröffnen?

AR: Für mich war Gastronomie mein erster sicherer Hafen im Leben. Ich habe während meines ersten Studiums nebenher in einem Café gearbeitet, das gerade erst im Aufbau war. Dabei habe ich gemerkt, wie gut es sich anfühlt, mit Menschen zusammen einen ganz besonderen Ort zu kreieren, der andere Menschen zusammenbringt. Dann dachte ich: Wie cool wär es, wenn dieser Ort dazu noch Gutes tut?

AA: Auch ich habe neben meinem Designstudium als Barista begonnen, mich mit Kaffee auseinanderzusetzen und gemerkt, wie gerne ich Gastgeber bin. Davor habe ich einige Zeit als Erzieher in sozialen Projekten in Brasilien gearbeitet. Wir haben bei allem, was wir tun, den Anspruch des sozialen Wirtschaftens bei hoher Qualität.

Wer sind die Menschen, die hier auf dem Platz der Genossenschaft und vor dem Laden mit euren Kaffeetassen sitzen?

AA: Das ist komplett gemischt. Es gibt die stark ökologisch-bewussten Menschen, die hierherkommen und superbegeistert sind und unbedingt mitsegeln möchten. Es gibt die Instagram-Blogger*innen, die wirklich einfach nur herkommen, um Fotos zu schießen. Und dann gibt es die Leute, die unser Hintergrund überhaupt nicht interessiert. Sie möchten einfach nur einen Kaffee trinken. So bunt wie das Viertel ist auch unser Publikum. Was spannend ist: Als wir eröffnet haben, haben die Leute bei uns etwa zu dreißig Prozent Hafer- und zu siebzig Prozent Kuhmilch bestellt. Das hat sich mittlerweile genau umgekehrt.

Ihr kommt beide nicht gebürtig aus Hamburg. Wie seid ihr hier gelandet?

AA: Ich war mit fünfzehn das erste Mal bewusst in Hamburg und da war für mich klar: Ich ziehe irgendwann her.

AR: Bei mir war es ganz ähnlich. Ich war mit Anfang zwanzig das erste Mal in Hamburg einen Freund besuchen, der hier studiert hat und habe mich einfach in die Stadt verliebt und dachte: Hey, irgendwann musst du hier leben, das ist einfach deine Stadt.

Was liebt ihr an Hamburg?

AR: Ich mag das Klima extrem. Ich bin ein kälterer, frostiger, nasser Mensch. Ich liebe den Wind und dass du gefühlt am Meer bist, wenn du an der Elbe stehst. Ich hatte hier schon viele depressive Phasen, aber habe mich nie verloren gefühlt. Anders als beispielsweise in Berlin. Da wäre ich jetzt schon vor die Hunde gegangen.

AA: Wenn ich mich so an meine frühere Liebe zu Hamburg erinnere und an das, was mich hier so gecatcht hat, ist das zum einen die Größe. Und zum anderen natürlich das Wasser. Ich war früher Leistungsschwimmer und bin ein Wassermensch. Die Alster ist mitten in der Stadt, man kann an der Elbe spazieren gehen, die Landungsbrücken entlang. Diese visuelle Offenheit habe ich vom ersten Moment an geliebt.

AR: Eigentlich sind wir beide die totalen Landeier.

AA: Ich liebe die Großstadt und ich habe auch São Paulo abgöttisch geliebt, genauso wie Rio, ich habe in beiden Städten gewohnt. Aber ohne Land – wenn der Ausgleich fehlt –

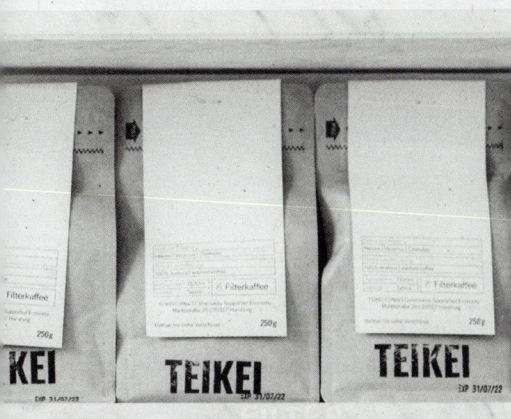

dann geht es nicht.

Zu Beginn des Interviews habt ihr gesagt, Kaffee soll nicht das Ende des Teikei-Projekts sein. Plant ihr weitere Produkte zu importieren?

AA: Ja, weitere Produkte sind schon im Aufbau. Es gibt immer wieder Menschen, die zu uns kommen und genau von dieser Wirtschaftsweise träumen oder sich immer vorgestellt haben, so leben und arbeiten zu können. Auch mit verschiedenen Uni-Gruppen arbeiten wir zusammen. So sind eigentlich die meisten neuen Teikei-Projekte entstanden. Teikei-Olivenöl aus Griechenland und Hanföl und Schokolade gibt es tatsächlich auch schon.

AR: Grundsätzlich kann es perspektivisch in jeden Wirtschaftszweig reichen. Denn es geht ja um die Art des Arbeitens, Wirtschaftens, Lebens. Und das ist nicht beschränkt auf ein Produkt, sondern eher auf eine Geisteshaltung.

Und wie geht es sonst weiter bei euch?

AR: Ich glaube, das wird sich alles entwickeln. Ich werde bald Papa, das wird einiges verändern. Was wir beide uns vorstellen können, wäre ein zweiter Laden, auch ein dritter. Vielleicht nicht unbedingt in Hamburg, sondern in Portugal, Schweden, Berlin – wer weiß das schon. Wir haben einfach Bock darauf zusammenzuarbeiten, weil wir uns gut ergänzen. Obgleich wir sehr unterschiedlich sind, ist das irgendwie befruchtend. Aaron ist ein Feingeist. Neben ihm komme ich mir manchmal fast schon ein bisschen plump vor, wenn er neue Ideen entspinnt. Er ist der Ästhet von uns beiden. Was ich gerne mag, sind auf der anderen Seite die Zahlen. Ich mag es, mich da rein zu fummeln und die Buchhaltung zu machen. Wir sind beide starke Persönlichkeiten mit sehr vielen Ecken und Kanten und mussten uns vor allem am Anfang erst ein bisschen aneinander glattschleifen – und durch ganz ganz ganz viel Kommunikation merken, wie der andere tickt und wo wir hinwollen.

Eure Kennenlerngeschichte klingt auch ein bisschen nach einem Blind Date. Eigentlich kanntet ihr euch kaum, als ihr das Café gemeinsam eröffnet habt.

AA: Wir fanden uns zwischendurch auch mal richtig scheiße.
AR: Ich glaube, was uns aber immer wieder zusammengebracht hat, war der gemeinsame Leitgedanke.
AA: Manchmal weiß ich nicht, was uns wieder zusammengebracht hat. Was ich weiß, ist, dass es immer wieder gut war.

Was für Herausforderungen gibt es in eurer Arbeit?

AA: Dass wir zwei junge Chefs sind, die sich gar nicht als Chefs sehen wollen. Wir wollen einfach ein Team sein und zusammenarbeiten. Trotzdem tragen wir die Verantwortung für alles, was hier passiert. Ansonsten ist es immer wieder eine Herausforderung, konsequent an all unseren Themen zu bleiben, weil es einfach viel ist. Das fängt beim biologischen Einkauf und der nachhaltigen Herstellung von Lebensmitteln an und hört beim unverpackten Kaffee auf.

ZARDOZ – EINE PLATTENINSTITUTION – HERUMGEKOMMEN IN HAMBURG

Wer schon einmal beim Umzug eines Vinylfans geholfen hat, kann bestätigen: Ortswechsel mit Plattensammlung sind verdammt mühselig. Umso respektabler liest sich Zardoz Geschichte. Der Plattenladen eröffnete 1981 in der Osterstraße. Danach ging es in die Lange Reihe, an den Altonaer Bahnhof, in die Ottenser Hauptstraße und aufs Schulterblatt. 2018 musste das Zardoz auch hier weichen und fand sein neues Zuhause im Karoviertel. André Sorgenfrei hat bereits viele dieser Ortswechsel begleitet. Der Mitinhaber lässt seit 1987 behutsam die Nadel auf die Rille sinken und kennt sich bestens im umfangreichen Angebot aus. Zu finden sind gebrauchte Schallplatten und ausgewählte Neuerscheinungen aus Genres wie Oldies, 60s, Indie-Rock, Punk, Elektronika, Klassik, Jazz und Pop. Außerdem gibt es originelle Postkarten, Poster, T-Shirts und gebrauchte Bücher.

ANDRÉ SORGENFREI

IN GUTER GESELLSCHAFT

Nach erfolgreicher Stöbertour lockt eine kurze Pause auf der kleinen Grünfläche vor dem Eckladen, von der aus man das Zardoz-Logo mit dem Hund bestaunen kann. Dieser muss hier aber nicht das Bein heben: Er ist frei erfunden und stibitzt nur fiktional eine Platte aus dem Geschäft. Vielleicht ist er ja auf dem Weg zu einem der vielen Vinyl-Läden in nächster Nähe? Zwischen St. Pauli, Sternschanze und dem Karoviertel herrscht eine außergewöhnlich hohe Dichte an Plattenläden mit unterschiedlichen Ausrichtungen – Musikliebhaber*innen können auf S. 120 durch weitere Läden stöbern.

ZARDOZ Marktstrasse 55 20357 Hamburg

360°

ÜBER DEN DÄCHERN HAMBURGS

276,5 METER "TELEMICHEL"

AUSBLICK VOM HEINRICH-HERTZ-TURM

HALSTENBEK
EIDELSTEDT
STELLINGEN
HAGENBECK

JOHN COHEN
DANIELA DOBERNIGG

COHEN+DOBERNIGG

Wer bei einer Buchhandlung an meterhohe Regale voller bunter Buchrücken denkt, wird überrascht sein, wenn er cohen+dobernigg betritt. Herzstück des Buchladens im Karoviertel ist nämlich ein flacher, ovaler Tresen in der Ladenmitte, der für viel Luft und gute Übersicht sorgt. Diesen Aufbau hat das Besitzerpaar John Cohen und Daniela Dobernigg einer befreundeten Architektin zu verdanken. Auf dem Regal zu erspähen: popkulturelle Literatur, aktuelle Romane und Bücher mit Grafikfokus. In der Buchhandlung finden außerdem regelmäßig Lesungen statt, die den Kiez zusammentrommeln.
Sternstraße 4, 20357 Hamburg

KOCH KONTOR

Es gibt Ideen, die so simpel wie genial klingen, dass man sich wünscht, selbst drauf gekommen zu sein: Im Koch Kontor gibt es ausschließlich Kochbücher, die gleichzeitig Inspiration für den begleitenden Mittagstisch sind. Bon Appétit!
Karolinenstraße 27, 20357 Hamburg

ANDLUNGEN

BÜCHERSTUBE STOLTERFOHT

Man könnte sie fast übersehen, die Buchhandlung Stolterfoht. Hat man das Häuschen im Stadtteil Rotherbaum jedoch entdeckt und in der sorgfältigen Auswahl an Belletristik, Lyrik und Kinderbüchern geblättert, vergisst man sie so schnell nicht mehr. Ebenfalls erinnernswert: Der Architekt der kleinsten Buchhandlung Hamburgs entwarf auch das Backsteinfundament der Elbphilharmonie.

Rothenbaumchaussee 100, 20149 Hamburg

STRIPS & STORIES

Genug von wortgewaltigen Bestsellern? Dann auf zu Strips & Stories! Hier gibt es Comics und Graphic Novels - oft von kleinen Verlagen. Zum jährlichen Comic Festival (→ S. 144) wird die Fachbuchhandlung zur Anlaufstelle für Fans narrativer Zeichnungen aus dem ganzen Land.

Wohlwillstraße 28, 20359 Hamburg

BUCHHANDLUNG LÜDERS

Eimsbüttel ist als familiäres Viertel bekannt - das spürt man auch bei Lüders. Hier stöbert die Nachbar*innenschaft in ausgewählter Belletristik, entdeckt Schätze im Antiquariat und bekommt Bücher-Tipps von einem herzlichen Team.

Heußweg 33, 20255 Hamburg

HUMAN EMPIRE IMPERIUM SCHÖNER DINGE

Wenn man die Altonaer Straße überquert, wird es schlagartig ruhiger auf dem Schulterblatt: Im Human Empire kann man sich auf die schönen Dinge des Lebens konzentrieren und zwischen Schätzen verlieren, die das eigene Zuhause schöner und bunter machen – von grafischen Postern über Keramik bis zum illustrierten Kinderbuch. Das Interieur aus den 1950er-Jahren wurde vom Vormieter übernommen, einem Herrenausstatter. Es steht den Produkten in nichts nach und auch der Ladenaufbau mit zwei großen begehbaren Schaufenstern lädt ein, dieses Weltreich in Ruhe zu entdecken. Den Laden führen Wiebke Schultz und Jan Kruse. Ihr hauseigenes Label trägt den gleichen Namen, denn Jan ist Illustrator und Grafiker. Mit seinem Human Empire Studio arbeitet er unter anderem für das Kunsthaus Hamburg oder das Miniaturwunderland. Kreativ lebt er sich jedoch auch in seiner eigenen Welt aus: mit Prints, Karten, Spielen und Büchern, die man im Laden erwerben kann. Der Fokus dabei ist eindeutig: Hamburg.

JAN KRUSE WIEBKE SCHULTZ

HUMAN EMPIRE Schulterblatt 132 20357 Hamburg

103

GRINDELHOCHHÄUSER

HOCH ¹²

Wer das Fundament geschenkt bekommt, muss hoch hinaus bauen! Das dachte sich die Stadt Hamburg, als die britischen Besatzer nach dem Krieg mit dem Bau von zwölf Gebäuden begannen, dann aber kurzerhand mit dem geplanten Projekt nach Frankfurt am Main umzogen. So entstand zwischen 1946 bis 1956 im völlig zerstörten Grindelviertel eines der ambitioniertesten Nachkriegsbauprojekte, das bezahlbaren Wohnraum für Ausgebombte und Geflüchtete schaffen sollte.

Glatt, funktional und von einer Ästhetik, die sich der klassischen Moderne verpflichtet: Damals entsprachen die Wohnbauten einem völlig neuen Typus. Heute sind sie denkmalgeschützt und

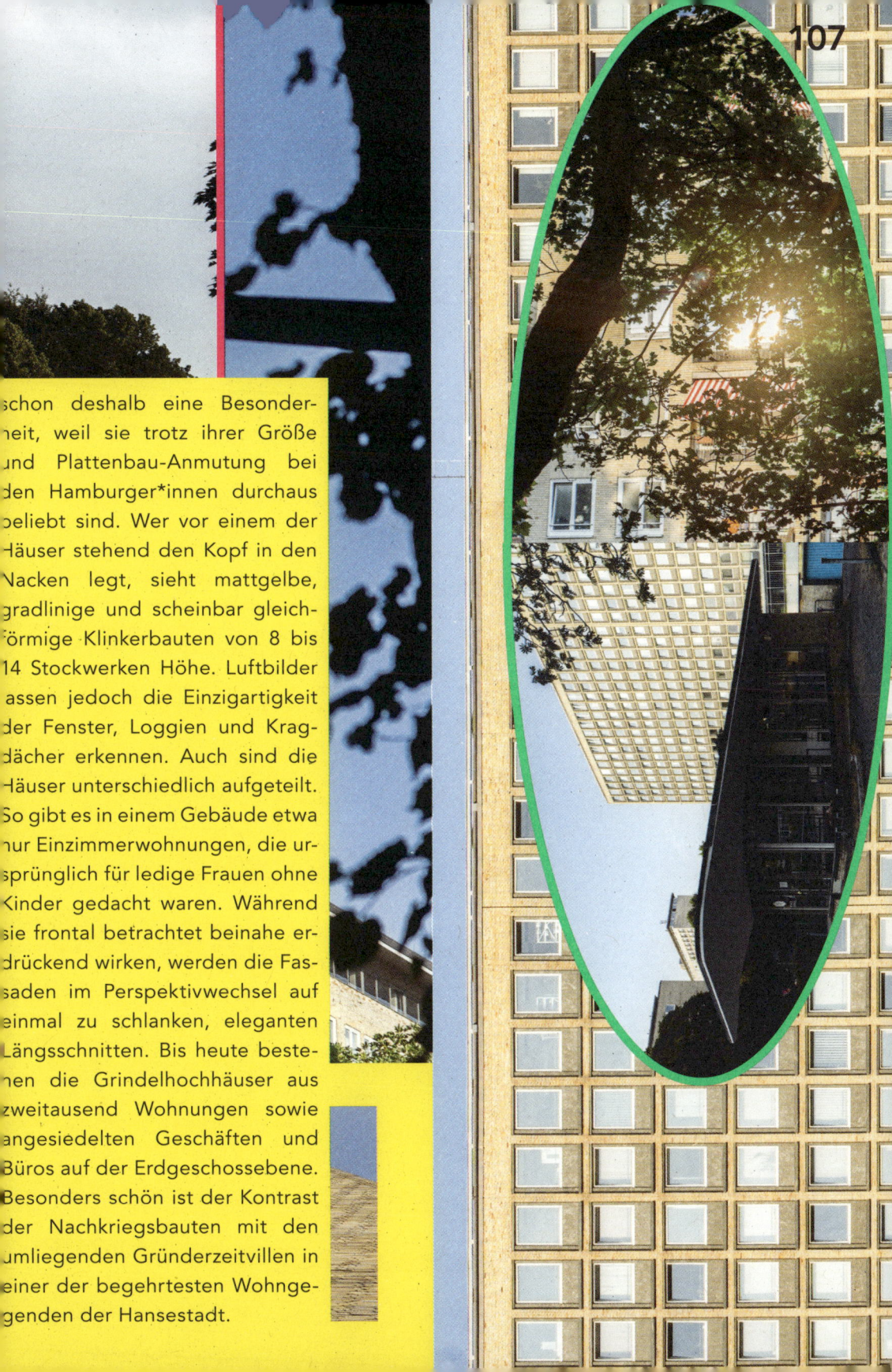

schon deshalb eine Besonderheit, weil sie trotz ihrer Größe und Plattenbau-Anmutung bei den Hamburger*innen durchaus beliebt sind. Wer vor einem der Häuser stehend den Kopf in den Nacken legt, sieht mattgelbe, gradlinige und scheinbar gleichförmige Klinkerbauten von 8 bis 14 Stockwerken Höhe. Luftbilder lassen jedoch die Einzigartigkeit der Fenster, Loggien und Kragdächer erkennen. Auch sind die Häuser unterschiedlich aufgeteilt. So gibt es in einem Gebäude etwa nur Einzimmerwohnungen, die ursprünglich für ledige Frauen ohne Kinder gedacht waren. Während sie frontal betrachtet beinahe erdrückend wirken, werden die Fassaden im Perspektivwechsel auf einmal zu schlanken, eleganten Längsschnitten. Bis heute bestehen die Grindelhochhäuser aus zweitausend Wohnungen sowie angesiedelten Geschäften und Büros auf der Erdgeschossebene. Besonders schön ist der Kontrast der Nachkriegsbauten mit den umliegenden Gründerzeitvillen in einer der begehrtesten Wohngegenden der Hansestadt.

AIN'T NO T

AUF DER SUCHE NACH DEM NÖTIGEN PLATZ: DESIGNKLASSIKER IN FLUTEN VON LICHT

In der dicht besiedelten Hamburger Innenstadt ist für manche Möbel schlichtweg nicht genug Platz. Zumindest dann nicht, wenn die Mietkosten noch im Verhältnis stehen sollen. Also verließ Linda Käckermann kurzerhand das hippe Epizentrum der Hansestadt und eröffnete das Vintage-Design-Studio Ain't No Trash ein paar U-Bahnstationen weiter nördlich. In der lichtdurchfluteten Halle in Hamburg-Niendorf können ihre außergewöhnlichen Möbel und Wohnaccessoires mit Fokus auf den 70er- und 80er-Jahre wirken. Jedes Stück erzählt seine eigene Geschichte. Ihre Gesamtheit ist definitiv eine kleine Reise wert. Clever: Auch als Fotoraum können die hundert Quadratmeter Fläche gemietet werden.

111

Linda Käckermann

Harriet traf Linda in ihrem minimalistischen Studio, sprach mit ihr über Inspirationsquellen, den Schritt in die Selbstständigkeit und mentale Gesundheit.

Wie ist die Idee zu Ain't No Trash entstanden?

L: Das war im ersten Lockdown, als meine Partnerin und ich zurück nach Hamburg gezogen sind. Mir ist beim Prozess des Einpackens aufgefallen, dass unsere gesamte Wohnung aus Vintage-Schmuckstücken besteht; aus Flohmarkt-Schätzen und Erbstücken. Da wurde mir klar, dass ich nur wenige Orte kenne, die nachhaltige Vintage-Einrichtung nach meinem Geschmack zeigen oder verkaufen.

Was bedeutet „nach deinem Geschmack"? Viele denken bei Vintage Möbeln vielleicht zuerst an das staubige Samtsofa von Oma Hildegard.

L: Ja, dem eigenen Stil sind keine Grenzen gesetzt. Ich mag Stücke ab den 70er-Jahren mit Chrom, Glas und Kunststoff. Das geht vom Acryl-Couchtisch bis zur Stehlampe aus Chrom.

Ist das dann Bauhaus?

L: Ja, Bauhaus, Space-Ära. Viel italienisches Design auch. Ich wollte einen Ort schaffen, der inspiriert, wo man aber auch Möbel erwerben kann. Ich nehme mir viel Zeit für die Kuration.

Es gab also die Idee, Vintage Möbel zu verkaufen. Und dann?

L: Dann habe ich tatsächlich angefangen zu kuratieren. Ich habe zunächst einen Realitätscheck gemacht: Wie schnell kommt man an die Möbel ran und wie läuft das alles überhaupt ab? Dann bin ich zu Wohnungsauflösungen und Auktionen gegangen – und auf Flohmärkte. Ich habe Angebot und Nachfrage studiert und dabei schnell herausgefunden, dass Mid-Century-Teak-Möbel ein absoluter Verkaufsgarant sind, weil die Nachfrage so hoch ist. Das ist aber tatsächlich nicht so meins. Obwohl es vielleicht der einfachere Weg gewesen wäre, hatte ich das Gefühl, ich muss mich trotzdem noch in eine andere Richtung ausprobieren.

Du hast vorher in der Mode- und Lifestyle-Branche gearbeitet. Woher kommt die Leidenschaft für Möbel?

L: Ich habe schon in der Kindheit immer zu hören bekommen, dass ich einen besonderen Blick für Formen und Materialien hätte und habe mein Fachabitur in Bautechnik gemacht. Das war natürlich sehr theoretisch, viel Mathe und Statik. Aber da habe ich schon ein Gefühl dafür bekommen. Gerade Architektur war ein großer Bereich, der mir einen Überblick über all die Designepochen gab. Später habe ich dann Media Management studiert. Das hilft mir jetzt in Bereichen wie Steuerrecht oder Marketing und Social Media.

Was inspiriert dich?

L: Mich inspirieren Filme aus den 50er- und 60er-Jahren und Kunstausstellungen. Außerdem ist Lina, meine Partnerin, eine der größten Inspirationsquellen. Sie hat noch einmal ein ganz anderes Auge für Dinge, gerade durch ihre Arbeit als Fotografin. Von ihr konnte ich superviel lernen. Wir ergänzen uns gut.

Du hast dann einen Businessplan geschrieben und Gründungszuschuss beantragt, oder wie kann man sich das vorstellen?
L: Ich hatte lediglich einen Transporter, aber ansonsten keinen Ort und kein Startkapital. Ich konnte keine Fläche anmieten und für 20.000 Euro einkaufen, sondern musste peu à peu vorgehen. Schließlich habe ich mich auf einen Gründungszuschuss beworben. Dafür musste man natürlich Businessplan, Finanzplan und alle Unterlagen einreichen. Im Nachhinein war das ein superwertvoller Prozess.

Wie war der Schritt in die Selbstständigkeit außerhalb des Finanziellen?
L: Ich war zuvor ein Jahr krankgeschrieben gewesen und wusste, dass der nächste Abschnitt für mich etwas sein muss, das mich auch beruflich erfüllt. Deswegen war es ein Stück weit eine Befreiung und ein Schritt zu meinem eigenen bestimmten Leben, meinem eigenen Arbeitstempo. Dass das Ganze aus einer depressiven Phase heraus entstanden ist, kann ich mir auch nur damit erklären, dass ich Mut entwickelt habe, jetzt einfach mal auszuprobieren, wie es ist, wenn ich wirklich meinem Gefühl nachgehe und nicht zurück in ein Arbeitsverhältnis, in dem ich mich erst wiederfinden muss. Ich wollte meinen eigenen Weg kreieren und hatte das Gefühl, dass ich nichts zu verlieren habe, weil ich mich ohnehin an einem Tiefpunkt befand. Oft sucht man nach dem richtigen Zeitpunkt, um Dinge anzugehen, sei es finanziell oder psychisch. Ich glaube, dass es manchmal gar nicht darauf ankommt, dass alle Rahmenbedingungen stimmen müssen. Wenn man es irgendwie einfach probiert, weiß man, ob es funktioniert oder nicht.

Ist deine Depression noch Teil deines Alltags?
L: Sie begleitet mich auch weiterhin – ist ja nicht so, dass man sich wieder in die Arbeit stürzt und plötzlich ist alles gut. Es ist ein gesellschaftliches Problem, dass eine Depression nicht einfach als normal angesehen wird, sondern immer etwas Negatives mit sich bringt. Einem wird nichts mehr zugetraut und man bekommt direkt so eine Opferrolle zugeteilt. Auch wenn man damit nach außen geht, ist es noch oft so, dass einem dadurch Fähigkeiten abgeschrieben werden. Akzeptanz ist ein ganz wichtiger Punkt, den man erlernen muss. In der Selbststän-

digkeit muss Raum dafür sein, dass es mal einen Schritt zurückgeht. Zugleich bedarf es der Zuversicht, dass es auch wieder zwei vorwärtsgeht.

Du sagst, du hattest die Idee für den Ort bei deinem Umzug nach Hamburg. Hat dich letztlich Berlin oder Hamburg für die Idee inspiriert?

L: Ich glaube beides. In Berlin ist die Kund*innenschaft auf jeden Fall mutiger. Aber ich hätte mein Konzept dort nicht umgesetzt. Hamburg war der richtige Ort für mich, weil ich mich hier mehr zu Hause fühle. Ich hatte vorher schon in Hamburg gewohnt und gearbeitet. Gerade durch meine Freund*innen hier habe ich viel gelernt und mich auch unternehmerisch sicher gefühlt. Ich hatte ein Netzwerk und wusste, dass es hier einfacher für mich ist, mutig zu sein.

Niendorf zählt nicht zu den super hippen Stadtteilen Hamburgs. Wie kommt es, dass Ain't No Trash hier gelandet ist?

L: Ich habe irgendwann, als unser Arbeitszimmer voller Möbel stand und wir mehr Platz brauchten, nach einer Fläche gesucht – als Lager, aber auch als Ort, bei dem Kund*innen vorbeikommen können. Die Mieten waren für den Anfang in der Mitte von Hamburg einfach so unrealistisch, sodass ich den Radius von Tag zu Tag erweitert habe. Irgendwann hab ich die Location in Niendorf gefunden und hatte direkt ein gutes Gefühl. Da sah es hier aber noch komplett anders aus. Es waren insgesamt drei Räume mit Zwischenebene. Alle total dunkel. Aber ich wusste, dass man da was draus machen kann. Und das haben wir dann auch getan.

Natürlich müssen wir jetzt auch einmal über Bares für Rares reden... Ist es so wie in dieser Fernsehsendung?

L: Ich fahre ja viel zu Haushaltsauflösungen. Auf jeden Fall habe ich da ziemlich beeindruckende Häuser und Designs kennengelernt. Aber genauso auch interessante Menschen und Geschichten, die einen berühren. Oft haben Haushaltsauflösungen einen traurigen Grund. Zum Teil komme ich in Wohnungen, wo das Sideboard sech-

Trash? Willst du irgendwann mehr ins Zentrum gehen?
L: Ich kann mir das schon vorstellen – langfristig. Ich habe hier aber aktuell einen Seelenort für mich gefunden, in dem Dorf, auch mit den Nachbar*innen, zum Beispiel von der Pizzeria nebenan. Aber wahrscheinlich bringt das Wachstum irgendwann einen Umzug mit sich. Vielleicht ist Niendorf irgendwann dann mein Lager und ich habe woanders eine kleinere Fläche für den Verkauf.

zig Jahre an ein und derselben Stelle stand und keinen einzigen Kratzer hat. Das beeindruckt mich immer total. Das einzige, woran man dann sieht, dass es wirklich so lange da stand, ist, dass die Tapete hinter dem Sideboard eine andere Farbe hat.

Sind es vor allem Männer, die neben dir auf den Aktionen rumlaufen?
L: Die Konkurrenz an sich ist schon sehr männlich. Es gab auch schon welche, die mich besucht haben im Studio, aus Hamburg oder dem Hamburger Umland. Die wollten dann mal schauen, was ein *Mädl* kreiert hat. Ich musste mir meine Daseinsberechtigung erst erkämpfen. Aber mittlerweile arbeite ich mit manchen anderen Händlern gut zusammen.

Hast du noch Ziele für Ain't No

PLATTENLÄD
VINYL
REC   OR
TO   ER
33

(IV)

HANSEPLATTE

In der Hanseplatte gibt es Vinyl von Hamburger Acts, Labels und von Freund*innen der Stadt. Zudem ein aufregendes Vinylfach mit Empfehlungen lokaler Künstler*innen. Den Laden führen Sina Kelting und Jakob Groothoff. Beide musizieren, veranstalten Konzerte und veröffentlichen auch selbst Tapes und Schallplatten. Der Autor Gereon Klug lässt im hauseigenen Newsletter neben Musiktipps, einige Lacher ertönen. Mit klugem Humor dichtete er außerdem den Deichkind-Hit *Leider geil* und schrieb das Stück *König der Möwen*. Die besten Ausgaben des Newsletters gibt es sogar als Buch zu kaufen.
Neuer Kamp 32, 20357 Hamburg

OTAKU

Der aus der japanischen Manga-Kultur stammende Begriff *Otaku* bezeichnet Fans, die sehr viel Zeit und Geld für ihre Leidenschaft aufbringen. Hinsichtlich Platten gilt dies wohl auch für Hardy Storz, der im südlichen St. Pauli den gleichnamigen Laden betreibt. Spezialisiert ist das Geschäft auf Facetten elektronischer Musik – House, Techno, UK Bass, Jungle und Drum & Bass.
Bleicherstraße 3, 22767 Hamburg

GROOVE CITY

Einen Laden nur mit dem bestücken, was man selbst liebt - das lebt Marga Glanz mit Groove City. Vom Indielabel Habibi Funk Records bis zum Wahlhamburger Dendemann finden Laien und Profis hier Schallplatten aus Genres wie Hip-Hop, Soul und Outernational. Ihre Arbeit im Vinyl nahm bei Zardoz (→ S. 90) den Anfang. Ihre private Plattensammlung ist für sie wie ein Tagebuch. Gekonnt hilft Marga ihrer Kund*innenschaft mit frischen Lieblingsplatten, neue Seiten in der eigenen Musikchronik zu füllen.
Marktstraße 114, 20357 Hamburg

PLATTENRILLE

Wer in den Hinterhöfen des Grindelviertels herumstreunert, kann in ein wahres Vinyl-Paradies stolpern: die Plattenrille. Hier türmen sich rund 250.000 Schallplatten. Die meisten gingen dabei bereits durch die Hände musikverliebter Vorbesitzer*innen - denn die Inhaber kaufen nicht selten ganze Sammlungen an. Je nachdem, welchen der Betreiber man in der ehemaligen Autowerkstatt antrifft, wird man die Vorliebe für Rock, Jazz oder Soul spüren.
Grindelhof 29, 20146 Hamburg

PLAYGROUND COFFEE

EIN KAFFEESPIELPLATZ

VELJKO TATALOVIĆ

In der Detlev-Bremer-Straße 21 wird viel gespielt – zum Beispiel mit den Geschmacksprofilen selbstgerösteter Kaffees. Statt Bagger und Schippe kommen dabei Handfilter oder Espressomaschine zum Einsatz. Der ehemalige Fotograf Veljko Tatalović ist Gründer dieses Spielplatzes. 2014 machte er sich mit dem Playground selbstständig, nachdem er als Barista und Röster bereits Kaffeeluft geschnuppert hatte. Veljko und sein Team standen dafür am Anfang noch an einer kleinen Theke in der Ecke eines Burgerladens. 2017 folgte das Café auf St. Pauli.

In Sachen Design stimmt bei Playground einfach alles: Das Interieur löst sich vom Minimalismus der meisten hippen Caféläden und überrascht das Auge mit rosa Wänden und gelben Fliesen. Im Regal findet man allerlei Kaffeezubehör in schönsten Designs und selbst der selbstgeröstete Kaffee kommt in eigens gestalteten Pappboxen daher, die man nach dem letzten Aufbrühen nur schweren Herzens entsorgt. Die Kaffees tragen dabei kreative Namen wie Skywalker oder King Kongo. Bei Skywalker handelt es sich um schokoladig-fruchtigen Espresso, produziert mit Kaffeebohnen aus Brasilien und Guatemala. King Kongo hingegen trommelt würzig-schokoladige Geschmacksnuancen.

FACHWERKHÄUSER URBANE KUNST UND HINTERHÖFE

Nur wenige Gehminuten von den großen Einkaufsmeilen der Innenstadt entfernt befindet sich das Gängeviertel, ein altes Arbeiter*innenviertel aus dem 19. Jahrhundert. Es trägt seinen Namen deshalb, weil es im Gängeviertel früher keine richtigen Straßen, sondern nur enge Gassen gab. Unerwartet flattern hier bunte Wimpelketten in den Innenhöfen, deren Wände Street-Art zieren. Die ausgefallenen Werke kommen von lokalen und internationalen Künstler*innen. Unter ihnen auch Größen wie der Hamburger Rebelzer, der bereits das Millerntor-Stadion bemalte (→ S. 144). Von den vielen Gängevierteln des 19. Jahrhunderts steht heute nur noch das Areal in der Neustadt. Zu verdanken ist das gut zweihundert Aktivist*innen und Künstler*innen, die das Quartier 2009 besetzten, als die Fachwerkhäuser weichen sollten, weil Teile des Viertels an einen Investor verkauft wurden.

KOMM IN DIE GÄNGE

Nach den Protesten der Initiative „Komm in die Gänge" wurden die Baupläne gestoppt. Der politische Aktivismus gegen neoliberale Stadtpolitik setzte erfolgreich ein Zeichen. Die verkauften Gebäude des Gängeviertels wurden kurze Zeit später durch die Stadt wieder zurückgekauft. Die Initiative blieb. Die Besetzer*innen gründeten eine eigene Genossenschaft und schlossen mit der Stadt einen Vertrag, der ihnen die Miete und die selbstverwaltete Nutzung sicherte. Die alten Gebäude werden seither saniert. Die Menschen, die das bunte Quartier gestalten, organisieren dort heute Konzerte, Ausstellungen, Theatervorführungen und Lesungen. Damit ist das Viertel nicht mehr nur historisch ein wichtiger Ort in Hamburg, sondern auch kulturell.

GÄNGEVIERTEL Valentinskamp/Caffamacherreihe 20355 Hamburg

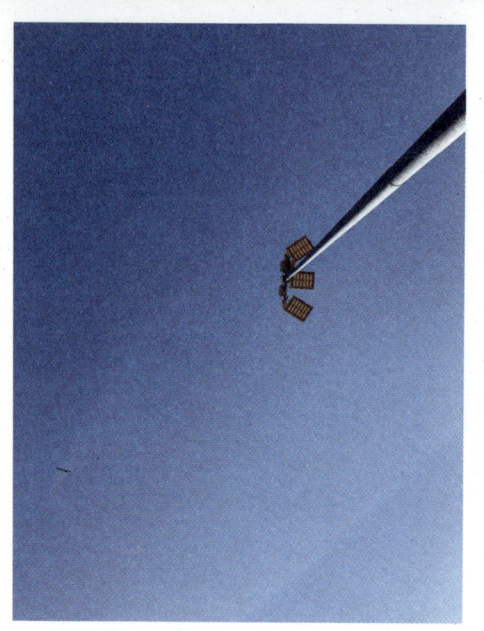

134

B-LAGE

B-LAGE Kampstraße 11 20357 Hamburg

In der B-Lage gibt es hübsche Dinge von wechselnden lokalen und internationalen Labels. Dass ihre Ladenfläche nicht in einer A-Lage liegt, hat Gründerin Vanessa Janneck D'ávila dabei kurzerhand im Namen des Stores zum Ausdruck gebracht. In den Regalen der B-Lage finden sich Schmuck, Shirts, aber auch Kunstdrucke und Keramik. Wer gerne über sich selbst und die Gesellschaft reflektiert, findet hier Stoff – zum Beispiel Literatur über zweifelhafte Schönheitsbilder (*Body Politics* von Körperaktivistin Melodie Michelberger) oder Journals mit Fragen und Übungen wie *It's all in me* von einem achtköpfigen Gestalterinnen-Kollektiv aus München. Inspiriert vom Fern- und Heimweh kreiert Vanessa unter dem Label Vanewonderland bereits seit 2011 eigene Produkte. Pullover, Caps oder Ketten des Labels zieren Franzbrötchen und typische sowie neue Hamburger Wortschöpfungen. Die studierte Kommunikationswissenschaftlerin hat sich über die Jahre ein großes Netzwerk an Kreativen aufgebaut. SO IST DIE B-LAGE NICHT NUR EIN LADEN, SONDERN AUCH EIN ORT FÜR EVENTS UND BEGEGNUNGEN.

A-WARE IN DER B-LAGE

Autorin Harriet besucht Vanessa und ihr Team an einem Sommernachmittag in der Kampstraße. Die beiden spazieren durch St. Pauli und stillen ihren Kuchenhunger im Café Kraweel. Sie sprechen über den Traum eines eigenen Ladens, Kreativität und die Wichtigkeit, Pausen zu machen.

VANESSA JANNECK DÁVILA

Warum landet man in der B-Lage?
V: Aus Versehen. Aus Neugierde, einfach mal einen Schritt in eine Seitenstraße zu laufen und sich treiben zu lassen in den Straßen der Stadt. In der A-Lage ist alles eher schnell und hektisch, in der B-Lage irgendwie langsamer und bewusster.

Du hast viele Produkte von jungen Designer*innen und eher unbekannten Labels in deinem Laden. Wie wählst du die aus?
V: Ich habe da keinen Vorgabenkatalog. Wenn mich etwas anspricht, dann kommt es in den Laden. Zum einen sind es Sachen, die meiner Wertvorstellung und meiner Ästhetik entsprechen, die es sonst nicht so in Hamburg gibt. Dinge, die der Stadt oder unseren Kund*innen einen Mehrwert bieten und sie inspirieren. Manchmal ist es aber auch ein direktes Gefühl zu einer Idee. Ein Beispiel: Die zwei Mädels von Beherzt, einem Neunzig-Fragen-Set zum Reflektieren von Beziehungen, haben mir so eine tolle E-Mail geschrieben, in der sie mir das Konzept ihres Kartenspiels erklärt haben. Die Idee hat mich so überzeugt, dass ich direkt zugesagt habe.

Mit deinem eigenen Label hast du bereits verschiedene Kollektionen und Produkte umgesetzt. Hast du ein Lieblingsteil?
V: Ich glaube, mein allerliebstes Teil war letztes Jahr unser „not perfect, but better"-Charity-Shirt. Die Einnahmen haben wir an *Leave No One Behind* und an *Femnet e.V.* gespendet. Das Design habe ich selbst entworfen. Ich war genervt davon, dass sich einige Influencer*innen, die zu 95 Prozent nachhaltig leben, dafür rechtfertigen mussten, dass sie mal einen To-go-Becher in der Hand hatten oder in den Urlaub geflogen sind. Es ermüdet, dass die, die schon vieles besser machen als andere, dann immer noch verurteilt werden. Ich wollte mit diesem Shirt zeigen, dass es wichtig ist, überhaupt erst einmal etwas zu machen – etwas besser zu machen. Und das muss sich nicht nur auf das Thema Nachhaltigkeit beziehen.

Nachhaltigkeit ist ein häufiges Thema in deiner Kommunikation und bei deinen Produkten. Gleichzeitig ist es natürlich um einiges teurer, nachhaltige Produkte herzustellen. Wie produzierst du?
V: Die Mischung machts für mich. Ich habe zum Beispiel nie kommuniziert, dass ich ein nachhaltiger Concept Store bin – das war eine bewusste Entscheidung. Denn ich möchte nicht, dass Leute mit dem Finger auf mich zeigen, wenn ich mal ein Produkt im Sortiment habe, das in der Check-Tabelle der Nachhaltigkeit nicht alle Häkchen hat. Das finde ich persönlich nämlich nicht schlimm. Wenn das Shirt lokal produziert, aber der Stoff nicht Bio-Baumwolle, sondern nur Baumwolle ist, habe ich ja trotzdem CO2 gespart, wenn es mit

dem Fahrrad zu mir in den Laden gebracht wurde und nicht durch den Transport in achtzig Lkws. Man kann auch erst einmal anfangen, eine Idee umzusetzen und die dann mit der Zeit immer nachhaltiger weiterentwickeln.

Der Einzelhandel ist keine leichte Branche. Wie schaffst du es trotz des Drucks der Selbstständigkeit noch, dich zu trauen, mit deiner eigenen Linie Dinge auszuprobieren?

V: Wahrscheinlich nur, weil diese Linie gut ankommt und ich damit Geld verdiene. Es sind Nischenprodukte und es sind andersartige Produkte, aber trotzdem sprechen sie immer eine größere Masse an. Wenn das nicht funktionieren würde, könnte ich das nicht machen. Meine Sachen tragen eine bestimmte Message oder einen gewissen Wert in sich. Das motiviert.

> In der A-Lage ist alles *eher schnell* und hektisch, in der B-Lage irgendwie langsamer, bewusster, und entspannter.

Wir haben schon ein wenig über die Kollektionen deines eigenen Labels gesprochen. Einmal hattest du dort das Thema *On- und Offline*.

V: Dieses Spannungsfeld hat durch die Pandemie auf jeden Fall noch einmal eine andere Bedeutung bekommen, weil die B-Lage vorher eher offline war. Jetzt haben wir einen Instagram-Account, der täglich wächst und der eine Online-Welt schafft, die die Leute zu uns in den Laden führt. Mir wurde auch schon geraten, nur einen Online-Shop zu machen. Aber es ist einfach nicht das Gleiche. Die B-Lage ist ein Ort des Geschehens und ich möchte diese Plattform beibehalten. Ich möchte, dass irgendwann, wenn es wieder möglich ist, Events stattfinden, bei denen sich die Leute offline vernetzen – nicht nur über Instagram oder Mail. Die B-Lage soll ein Ort sein, wo man sich austauschen, seine Produkte zeigen kann und neue Sachen entdeckt.

Vor der Gründung der B-Lage in Hamburg hast du in Lanzarote und Barcelona gelebt. Mittlerweile wohnst du phasenweise in Brasilien. Was bedeutet die Ferne für deine kreative Arbeit, den Laden und das Label?

V: Pausen zu machen ist oft viel produktiver als immer produktiv zu sein. Ich brauche die Pausen, um mein Gehirn atmen zu lassen, einfach mal drauflos zu malen oder ohne Konzept Dinge zu gestalten. Rauskommen, auch aus der Stadt, ist für mich Pause und Inspiration zugleich. Andere Kulturen, andere Sprachen, aber auch Kleinigkeiten inspirieren mich.

Trotzdem hast du einen Laden in Hamburg. Was macht die Stadt für dich besonders?
V: Hamburg ist eine Großstadt, in der es ein bisschen intimer zugeht. Es ist nicht so groß wie Berlin, aber größer als auf dem Land. Ich bin damals nach Hamburg gekommen, weil ich meinen persönlichen Weg gesucht habe und weil ich wusste: Das, was ich machen möchte, finde ich nicht in meiner Heimat Köln. Ich bin mit meinem Label hierher gekommen und habe dadurch genau die Leute kennengelernt, die mich zu dem

geleitet haben, was ich heute mache. Auf dem Hallo Frau Nachbar-Markt zum Beispiel habe ich gemerkt, dass hier Menschen sind, die mich inspirieren, mit denen ich mich connecten kann und muss, um das weiterzumachen, was ich eigentlich machen will. Die Kreativszene ist in Hamburg so unfassbar gut connectet. Man hält hier auch irgendwie mehr zusammen als in anderen Großstädten.

Gibt es etwas, das du gerne anderen mitgeben würdest, die überlegen, sich im Kreativbereich selbstständig zu machen oder die vielleicht auch ein Label haben?
V: Eine Sache habe ich im letzten Jahr gelernt: Manchmal ist der Schlüssel zum Erfolg nicht, an irgendetwas festzuhalten, sondern loszulassen. Wenn man sich ein superstrenges Konzept zurechtgelegt hat und nur nach diesem Konzept arbeitet, gibt es keinen Raum für Zufälle. Zufälle sind aber oft das, was einen dazu bringt, irgendwie weiterzukommen. Oder vielleicht lernt man durch einen Zufall genau die Schlüsselperson zu dem kennen, was man

gerade braucht. Durchhaltevermögen ist natürlich auch superwichtig.

Und wie hält man durch?
V: Indem man sehr tolle Freund*innen hat – und einen langen Atem. Und eine gute Mischung aus Selbstvertrauen und dem Feedback anderer. Ein wenig kommerzielles Denken gehört auch dazu.

Was bedeutet Selbstständigkeit für dich?
V: Sie ist Fluch und Segen. Ich arbeite für mich, dadurch fühle ich mich frei. Gleichzeitig war ich fünf Jahre lang nicht wirklich frei, als ich noch keine Mitarbeitenden hatte. Mit dem Laden war ich zudem auch noch an einen festen Ort gebunden und hatte durch die Öffnungszeiten kaum Flexibilität. Als Selbstständige*r missgönnt man sich selbst leider oft Sachen. Man denkt: Das kann ich mir jetzt nicht erlauben, obwohl man eigentlich alle Freiheit der Welt hat. Als Selbstständige*r bedeutet Zeit aber immer auch Geld. Ich glaube, das ist dieser Zwiespalt bei Selbstständigen, dass sie denken, sie müssten jede Minute oder Stunde, die sie haben, produktiv nutzen. Es braucht das richtige Maß an Produktivität und Pausen, aber das muss man erst einmal finden.

Glaubst du, du hast für dich dieses richtige Maß inzwischen gefunden?
V: Ich habe das Gefühl, dass Selbstständige oft auch Perfektionist*innen sind. Das macht es schwierig, wenn Angestellte dazu kommen. Ich habe meinen Mitarbeitenden Raum gegeben. Meine Selbstständigkeit ist zu einem Unternehmen geworden. Den Schritt bin ich gegangen und damit fahre ich gerade echt gut. Ich habe gerade im letzten Jahr gemerkt, dass ich alles machen und mitnehmen möchte, um nicht irgendwann zu meinen Enkelkindern sagen zu müssen: Mach das Kind, ich hab's nämlich leider nicht gemacht.

MS ARTVILLE

"Igloo" – Marlene Hausegger

Für das MS Artville überquert man die Elbe nach Wilhelmsburg und findet sich in einer bunten Welt wieder. Zum Thema *Morgen* präsentierten 2019 beispielsweise über zwanzig Künstler*innen ihren kritischen Blick in die Zukunft. Einige Arbeiten verbleiben auch nach der Open-Air-Gallery auf der Fläche, die das Artville übrigens auch dem MS Dockville als Festivalgelände zur Verfügung stellt. Das Artville Programm mit (geführten) Kunstspaziergängen und Performances erwartet einen hier mehrere Wochen im Sommer.

REEPERBAHN FESTIVAL

Das Reeperbahn Festival ist kein herkömmliches Festival: Bei dem

KURZFILMFESTIVAL

der wichtigsten europäischen Plattformen des internationalen Musikgeschäfts. Bekannte Spielstätten wie das Molotow und Übel & Gefährlich, aber auch imposante Locations wie Hamburgs Hauptkirche (der Michel) öffnen ihre Türen für die Musik. Und was für welche! Das Showcase Festival sorgt für Newcomer*innen und vielversprechende Acts aus dem Ausland, oft noch bevor sie ihren großen Durchbruch haben – in der Vergangenheit geschehen z. B. bei Cro, Kraftklub, Bon Iver, Arlo Parks und Ed Sheeran. So treffen sich im September die (inter)nationale Musikszene und musikbegeisterte Gäste auf der Reeperbahn – und lernen dabei viele Hamburger Clubs kennen.

Schnell und mutig seit 1986: Das Kurzfilm Festival feiert im Sommer für eine Woche den Kurzfilm als Kunstform. Von lokal bis international werden Filme in verschiedenen Wettbewerben prämiert, wie dem Drei-Minuten-Format „Dreifacher Axel". Raum für Reflexion bietet ein besonderes Festivalzentrum: ehemalige Postsortierhallen am Kaltenkircher Platz in Altona.

INDIECON

MILLERNTOR GALLERY

Alte Lagerhallen und schummriges Licht bieten die perfekte Kulisse für das große Stöbern. Bei der Indiecon im Oberhafen (→ S. 20) kommen im September all jene zusammen, die Independent Publishing lieben. Unabhängige Verlage, engagierte Zinemakers und kreative Gestalter*innen aus aller Welt präsentieren ihr Schaffen. So kommt man mit den Macher*innen ins Gespräch und geht mit einigen druckfrischen Schätzen in der Tasche.

Wer schon immer mal das Millerntor Stadion von innen sehen wollte,

VORMERKEN ✳

det nämlich die Millerntor Gallery statt. Initiiert vom Kiez-Verein und Viva con Agua, dem Social Business für Sprudeliges und Stilles, stellen hier zahlreiche Künstler*innen ihre Werke aus. Begleitet wird das Wochenende von Panels und Konzerten.

Altonale: diverse Künste, Open-Air, familienfreundlich → Sommer
Harbour Front Literaturfestival: gelesen, gesungen, gehört → Herbst
Comicfestival Hamburg: handgezeichnet, vielseitig, nischig → Oktober
Gängeviertel Geburtstag: laut, verwinkelt, herzlich → August
International Queer Film Festival: divers, diskussionsstark, deutlich → Herbst
Hallo:Festspiele: progressiv, intellektuell, performancestark → Sommer
Museumstag #seeforfree: vielfältig, dezentral, freier Eintritt → Oktober
Internationales Sommerfestival auf Kampnagel: Tanz, Performance, Weltstars → August
Rundgang der Fleetinsel-Galerien: ausgedehnt, traditionsreich, intim → Sommer
Lange Nacht der Literatur: Bibliotheken, Bücher, Buchhandlungen → September
Filmfest: samtige Sessel, tolle Programmkinos, spannende Premieren → Herbst

BUCERIUS KUNST FORUM RAUM FÜR

In einer Seitenstraße zwischen Hamburger Rathaus und Alsterfleet findet man das Bucerius Kunst Forum. Das Ausstellungshaus wird von der Zeit-Stiftung Ebelin und Gerd Bucerius getragen und zeigt vier wechselnde Ausstellungen im Jahr mit Kunstwerken aus der Antike bis in die Gegenwart. Zu jeder Schau wird der große Saal dank flexibler Architektur umgewandelt. Mal bilden ein paar zusätzliche Wände eine dunkle Filmkammer, beim nächsten Besuch bieten achthundert Quadratmeter Freiraum zur Reflexion. Komplexere Erkenntnisse auf den zweiten Blick lieferten in der Vergangenheit zum Beispiel Arbeiten wie die von Trevor Paglen: romantische Himmelsfotografien, die bei genauerer Betrachtung kleine Punkte am Bildrand offenbaren. Militärische Drohnen, die als unbemannte Fluggeräte in der Lage sind, aus großer Entfernung zu töten. Doch nicht so romantisch. Die Werke sind häufig Leihgaben namenhafter Museen wie dem MoMA, Louvre oder Städel Museum. Neben thematischen Ausstellungen wurden Künstler*innen wie Frida Kahlo, Pablo Picasso und David Hockney vom Bucerius bereits monografische Ausstellungen gewidmet.

FLEXIBILITÄT

„Untitled (Reaper Drone)" — Trevor Paglen

// Bucerius Kunst Forum 2019

BUCERIUS KUNST FORUM Alter Wall 12 20457 Hamburg

DER *ZEIT*-GRÜNDER UND EIN GESELLSCHAFTSSPIEGEL

Namensgeber Gerd Bucerius war Mitbegründer und lange Zeit Verleger der Wochenzeitung *Die Zeit*. Sein Vermögen und das seiner Frau Ebelin Bucerius hinterließ das Ehepaar der gemeinsamen gemeinnützigen Stiftung. Diese fördert heute in verschiedenen Projekten Wissenschaft und Forschung, Kunst und Kultur sowie Bildung und Erziehung – z. B. mit der Bucerius Law School, einer privaten Hochschule für Rechtswissenschaften in Hamburg. Mit ihrem Engagement möchte sie der Gesellschaft den Spiegel vorhalten. Direkt vor dem Bucerius Kunst Forum passiert das übrigens auch wörtlich, durch die Finanzierung eines Immobilienentwicklers: Dort lässt sich der *Gesellschaftsspiegel*, bestehend aus zwei begehbaren Skulpturen des dänisch-isländischen Künstlers Olafur Eliasson, bestaunen. Die Objekte bieten eine prismenhafte Vielfalt an Blickwinkeln auf die umliegenden Gebäudespitzen der Innenstadt.

„Gesellschaftsspiegel" – Olafur Eliasson // 2020

WINKEL VAN SINKEL SATTES GRÜN

Ein Abstecher ins Winkel van Sinkel gleicht einem Kurzbesuch im Dschungel. Schnell entdeckt man Illustrationen aus Amsterdam; Pflanzen, die Namen wie *Peperomia Argyreia* tragen und ungewöhnliche Glasgefäße, die als Minibiotope dienen. Neben Geschenken für sich und andere – wie stilvolle Papeterie, Gin oder formschöne Keramikvasen – stehen und hängen bei Winkel van Sinkel über achthundert Pflanzen. Darunter so außergewöhnliche Arten wie die *Tillandsien*, auch Airplants genannt. Diese Pflanzengattung braucht weder einen Topf, noch muss sie gegossen werden. Wasser und Nährstoffe zieht sie einfach aus der Luft. Besitzerin von Winkel van Sinkel ist die Deutsch-Holländerin Zelda Czok. *Winkel* ist holländisch und bedeutet übersetzt so viel wie Geschäft.

WINKEL VAN SINKEL Kaiser-Wilhelm-Straße 9 20355 Hamburg

Den Laden hat Zelda nach dem ersten Kaufhaus in den Niederlanden benannt, das der Deutsche Anton Sinkel 1837 in Utrecht gründete. Er hätte sicher nicht gedacht, dass sein Name in Hamburgs Zentrum erneut zu Ehre kommt.

UFER*WECHSEL*

Um von St. Pauli aus zum Hafengebiet auf der anderen Elbseite zu kommen, mussten Hafenarbeiter*innen lange Zeit den Fluss per Schiff überqueren. Das war im Winter bei Sturm oder bitterer Kälte allerdings häufig kaum möglich. Aus diesem Grund entschied 1901 der Hamburger Senat, unterhalb der Elbe einen mehr als vierhundert Meter langen Tunnel bauen zu lassen. Der St. Pauli Elbtunnel, so der offizielle Name, wurde 1911 in Betrieb genommen und verbindet mit seinen zwei Röhren seitdem die Landungsbrücken mit der Elbinsel Steinwerder. Für die damalige Zeit war dieses Bauwerk eine Sensation: Europas erster Tunnel unter einem fließenden Gewässer. Die Bewunderung für das Bauwerk hält bis heute an, obwohl es inzwischen ein paar Kilometer entfernt seinen jüngeren, größeren Bruder gibt. Für viele Hamburger*innen ist der Alte Elbtunnel eines der liebsten versteckten Wahrzeichen.

DIE STADT ERWACHEN SEHEN

Die unterirdische Überquerung der Elbe kann man auch heute noch zu Fuß oder mit dem Rad nutzen. Wahre Ingenieurbaukunst zeigt sich hier an den zwei Aufzugsschächten mit insgesamt zwölf Fahrstühlen – acht von ihnen, die früher PKWs und Pferdekutschen unter die Elbe beförderten, werden bis heute manuell vom Elbtunnel-Personal bedient. Die restlichen Aufzüge und auch die Treppen lassen sich aber auch dann nutzen, wenn das Personal schon Feierabend hat. Ein Spaziergang durch die beiden Röhren mit je sechs Metern Durchmesser lohnt sich nicht nur wegen der sensationellen Architektur samt glasierten Fliesen, sondern auch wegen des atemberaubenden Stadtpanoramas auf der anderen Seite. Mit etwas Glück kann man von dieser Uferseite aus morgens hinter der Elbphilharmonie die Sonne aufgehen sehen. Kaum zu glauben, dass dieses besondere Bauwerk bis heute der tägliche Arbeitsweg für manche Hamburger*innen ist.

BALZ & BALZ

ZU GAST BEI GESCHWISTERN

Es scheint, als führten alle Wege zum Balz und Balz: Gäste schlendern am Kaiser-Friedrich-Ufer von der Schanze aus in das unscheinbare Café oder freuen sich, eiligen Schrittes aus Eppendorf kommend, bereits auf grandiosen Kaffee. Letzterer wird vom gelernten Barista Chris mit Kenntnis ausgewählt und mit feiner Latte Art verziert. Er ist eines der zwei Geschwister, die mit dem Balz und Balz ihre Leidenschaft für das Gastgebertum leben. Chris' ältere Schwester Kathrin verkündet derweil mit ihrer unverwechselbaren Schrift auf der Tafel vor dem Laden den täglich wechselnden Mittagstisch. Ihre Handschrift tragen auch die Köstlichkeiten selbst: bodenständig, aber raffiniert und nachhaltig, ohne mit dem Label zu prahlen. Egal, ob Gäste sich für frisch gebackenen Blechkuchen oder eine deftige Stulle entscheiden – die Herzlichkeit der Balz-Geschwister gibt es stets dazu.

BALZ UND BALZ Lehmweg 6 20251 Hamburg

KATHRIN BALZ
CHRIS BALZ

Im Balz und Balz laden eine lange Holztafel, Sitzbänke im Fenster und alte Bodenfliesen in Blau-Weiß zum Verweilen ein. Dabei hatten die beiden Gastronom*innen ursprünglich ganz andere Vorstellungen davon, wie ihr gemeinsames Café aussehen sollte. Warum sie in dem efeubewachsenen Haus dennoch starteten und wie es ist, als Geschwister jeden Tag zusammenzuarbeiten, erfragt Harriet bei einem Cappuccino.

Ihr habt euer Café im Mai 2016 eröffnet. Nehmt uns doch mal mit in die Vergangenheit – wie kam es zum Balz und Balz?

K: Von der ersten Idee eines gemeinsamen Cafés bis zur Eröffnung des Balz und Balz hat es mehrere Jahre und auch einige Umwege gebraucht. Aber ich fange lieber ganz vorne an: Wir sind Gastro-Kinder. Unsere Eltern haben einen Betrieb mit eigener Fleischerei, Gasthaus und Pension, in dem wir groß geworden sind. Als Erwachsene habe ich dann eine Ausbildung im Adlon gemacht und war zwei Jahre in einem Hotel in Paris beschäftigt, ehe ich vor zwölf Jahren herkam.

C: Ich bin mit Ende 15, Anfang 16 in die Gastronomie eingestiegen. Für mich war schon als Kind klar, dass ich selbstständig sein möchte. Ich habe meine Ausbildung zum Restaurantfachmann in einem familiengeführten 5-Sterne-Hotel im Oberallgäu absolviert. Von dort bin ich nach Hamburg gekommen, unterbrochen von ein paar Stopps in verschiedenen Städten und Ländern. Über die Jahre hat sich immer stärker herauskristallisiert, dass ich am liebsten in die Tagesgastronomie wollte. Bei einem meiner Zwischenstopps in der Röststätte in Berlin habe ich viel von dem kaffeetechnischen Wissen vermittelt bekommen, das ich brauchte, um mich irgendwann mit einem eigenen Café selbstständig zu machen. Hinter allem, was ich gemacht habe, stand immer die Idee, Erfahrungen für das zu sammeln, was ich irgendwann selbst machen möchte. Als es dann darum ging, wo Kathrin und ich ein Café aufmachen, war sofort klar, entweder Hamburg oder Berlin. Wir haben angefangen in beiden Städten zu suchen und sind in Hamburg fündig geworden.

Hattet ihr eine Vision für euer Konzept?
C: Als wir eröffnet haben, gab es starke Cafés in Hamburg, die entweder wahnsinnig guten Kaffee *oder* Essen anboten. Wir sind so aufgeteilt, dass ich vorne an der Kaffeemaschine und Kathrin hinten in der Küche arbeitet. So wollten wir beides kombinieren.

Und wie habt ihr dann diesen Ort hier gefunden?
K: Wir waren sehr lange auf der Suche nach einer Fläche. Der Mietvertrag für eine andere Räumlichkeit in der Müggenkampstraße platzte in letzter Minute und wir fanden diesen Laden auf einem Immobilienportal. Ich bin dann hier vorbeigefahren, habe in den Laden geguckt und dachte: Joa, klein.
C: Sie rief mich an und sagte: „Ich hab vielleicht eine Fläche, komm nach Hamburg." Im regnerischen Hamburg angekommen, warf ich einen Blick in den Laden und ... fand ihn überhaupt nicht ansprechend. Ein großer Raum, hohe Decken, Fensterfront, offene Küche: Das hatten wir gesucht. Nicht siebzig Quadratmeter, verwinkelt, keine hohen Decken, in einer Art Souterrain. Aber es war unsere erste Zusage, wir wollten einfach loslegen und ich wusste, dass ich Kathrins Gefühl vertrauen konnte.

Was war früher in diesem Laden?
C: Das war eine Art Showroom eines Antiquitätenladens. Nach der Sanierung haben wir einen Durchbruch gemacht. Im Übrigen heißt der Lehmweg nicht einfach aus Spaß Lehmweg: Hier steht tatsächlich alles auf Lehm, wodurch entsprechend viel Wasser in den Wänden war.

Euer Konzept ist, sowohl guten Kaffee als auch gutes Essen anzubieten. Chris, was ist denn ein guter Kaffee für dich?
C: Kaffee ist für mich gut, wenn jemand sich von der Auswahl der Bohne über die Technik bis hin zum Handwerk Gedanken gemacht hat. Für mich ist eine gute Tasse Kaffee nicht einfach nur, wenn die Extraktion stimmt, oder der TDS-Wert. Für mich ist eine gute Tasse Kaffee Atmosphäre, Leidenschaft, Geschmack.

Und Kathrin, was ist ein guter Mittagstisch für dich?

K: Ein guter Mittagstisch wird vom Rohstoff bis zum Servieren mit Respekt, Leidenschaft und dem nötigen Know-how gefertigt. Für mich geht das bei der Wahl der Zutaten los. Wo kaufe ich ein? Wie wird produziert und wer ist mein*e Produzent*in oder mein*e Ansprechpartner*in? Mir ist wichtig, dass wir beim Kochen sorgsam mit den Lebensmitteln umgehen, nichts verschwenden – vom Blatt bis zum Stängel. Vor allem aber braucht es Liebe. Wenn wir die Dinge spüren lassen, dass wir sie gerne tun, dann gelingen sie besser. It's all about the mindset.

Teil eures Ansatzes ist es, dass es den Mittagstisch immer nur gibt, bis er ausverkauft ist.

K: Ganz genau. Ich kann nicht unendlich produzieren. Also verkaufen wir das, was ich mit dem Team frisch produziert habe. Und wenn es dann aus ist, ist es nun mal aus. Wenn dann am Ende des Tages jemand reinkommt und sagt: „Ah, das ist alles, was ihr noch habt?", dann stehe ich hinter der Vitrine und freue mich wie eine kleine Königin, weil wir gut geplant haben.

Chris, hast du einen ähnlichen Anspruch an den Kaffee, den du hier servierst?

C: Wir verwenden JB Kaffee aus München. Der Hersteller ist ein guter Freund, der nach denselben Prinzipien arbeitet wie wir. Der Kaffee hat eine wahnsinnig gute Qualität. Als wir in Hamburg angefangen haben, gab es noch keinen, der JB ausgeschenkt hat. Das Alleinstellungsmerkmal war für uns ein schönes Plus.

Wie ist es für euch als Geschwister

ANM. DER REDAKTION → Der TDS-Wert gibt die Summe der in einer Lösung gelösten Feststoffe an. Mit einem sogenannten Refraktometer wird gemessen, wie die Konzentration von gelösten Kaffeeteilen im Wasser ist.

zusammen zu arbeiten?

C: Ich für meinen Teil könnte mir nach heutigem Stand nicht vorstellen, das mit jemand anderem zu machen. Wir haben einfach dieses Grundvertrauen und sind uns in vielerlei Hinsicht sehr ähnlich, was Werte, Vision und Anspruch betrifft.

K: Viele Leute sagen, sie würden durchdrehen, wenn sie mit ihrem Geschwisterteil einen Laden aufmachen würden. Aber mir geht es genauso wie Chris. Du weißt genau, was du kriegst, weil wir uns in- und auswendig kennen. Natürlich haben wir auch unsere Diskussionen und Themenbereiche, bei denen der eine dies und die andere das denkt. Aber wir wissen: Die Vision ist am Ende die gleiche. Wir sind zusammen unschlagbar.

Ihr werdet immer wieder gefragt, warum ihr keinen zweiten Laden aufmacht. Warum habt ihr euch bewusst dagegen entschieden?

K: Nenne mir einen einzigen Laden, bei dem der zweite Laden so geil geworden ist wie der erste. Unser Laden heißt Balz und Balz, weil hier Balz und Balz drin stehen.

C: Bis zum heutigen Zeitpunkt kam für uns nicht einmal die Frage auf, ob wir getrennt voneinander Urlaub machen, damit der Laden zwölf Monate im Jahr geöffnet sein kann. Wir waren uns schon immer einig: alles oder nichts. Beide oder keiner. Das schließt einen zweiten Laden aus. Außerdem macht schon dieser kleine Laden so viel Arbeit. Einen zweiten Laden auf diesem Niveau zu halten, ich kann mir das nicht vorstellen. Achtzig Prozent unserer Gäste sind Stammkund*innenschaft, die seit Jahren herkommt, weil sie weiß, was sie hier bekommt.

Ihr habt den Laden jetzt schon seit über fünf Jahren und seid fast immer beide persönlich da. Wie schafft ihr das?

C: Ich glaube, wir waren einer der wenigen Betriebe, die direkt im ersten Jahr schon drei Wochen zugemacht haben. Denn wir wussten: Dieses Pensum funktioniert nicht ohne Regeneration. Wir machen bis heute immer am Ende des Jahres wirklich drei bis vier Wochen den Laden komplett zu. Wir haben aber auch schon gelernt, ein bisschen mehr abzugeben. Wenn man gründet, ist man schnell in einem Hamsterrad, das sich immer weiterdreht. Man läuft und läuft und läuft und wird immer schneller, aber die Arbeit wird trotzdem mehr. Um die Kontrolle zu gewinnen, braucht es Pausen.

Ihr seid seit der Gründung gewachsen, habt vieles optimiert und Grenzen ausgetestet. Was hat sich noch verändert?

C: Ich denke, alle sind ein bisschen gelassener geworden, vielleicht auch einfach erwachsener. Ich weiß noch, dass wir Beschwerden oder schlechte Bewertungen anfangs richtig persönlich genommen haben. Heute trifft es uns schon auch noch, wenn jemand nicht zufrieden mit uns und unserer Arbeit ist, aber wir gehen damit anders um. Früher haben wir uns im Team hingesetzt und eine Antwort formuliert, heute wissen wir: Wir können es nicht allen recht machen. Es gibt einfach unterschiedliche Geschmäcker und da wird es immer mal jemanden geben, der uns nicht so toll findet.

Zu Beginn habt ihr gesagt, dass ihr in Hamburg und Berlin nach Locations gesucht habt. Am Ende war es ja eigentlich Glück, dass es Hamburg wurde.

C: Ja, wir sind heute sehr froh darum. Hamburg und seine Leute sind treuer. Und das ist ja das, was wir wollen. Wir wollen kein Pop-up-Store sein. Dann hätten wir definitiv Berlin wählen müssen. Da bist du einfach viel schneller im Gespräch und vorn mit dabei. Aber dafür musst du dich in Berlin auch stetig neu erfinden, um cool und hip zu sein.

Und wie denkt ihr inzwischen über eure Lage? Sind alle anfänglichen

Zweifel verflogen?

C: Mittlerweile finde ich die Lage mega und kann mir schwer vorstellen, woanders zu sein. Natürlich gibt es viele schöne Gegenden in Hamburg und wahnsinnig tolle Flächen. Aber das Besondere an diesem Ort ist der Mix an unterschiedlichen Leuten. Hierher kommt der 16-jährige Schüler, der sich in seiner Mittagspause kurz hinsetzt und seinen Kaffee Latte trinkt genauso wie die 82-jährige Oma, die ein ehrliches Stück Blechkuchen zu ihrer Tasse Filterkaffee bestellt.

K: Du hast hier die Hoheluft, eine eher bodenständige Gegend. Aber genauso in Richtung Eppendorf auch die Leute, die bereit sind, sehr viel Kohle in die Hand zu nehmen für gute Sachen. Dann gibt es noch das Generalsviertel, den Isemarkt und die Leute, die hier arbeiten. Und natürlich die Nähe zum Isebekkanal, mit Spaziergänger*innen, die sich einen Kaffee holen.

Was bedeutet es für euch, Gastgeber*in aus Leidenschaft zu sein?

C: Dass unsere Gäste sich wohlfühlen – wie in einem Wohnzimmer.

K: Dass jede*r Einzelne sich bei uns gleichermaßen wohl- und willkommen fühlt. Vermutlich könnte ich auch irgendetwas anderes machen, aber Gastgeberin zu sein ist meine größte Leidenschaft. Ich liebe unseren Platz im Lehmweg mit all seinen Menschen und unterschiedlichen Stimmungen.

Was denkt ihr über die Zukunft? Was wünscht ihr euch?

C: Auf jeden Fall erst einmal hier bleiben zu dürfen. Man weiß ja nie, was das Leben so mit einem vorhat. Und ich hoffe, dass unser tolles Team bleibt.

K: Weiter kreativ zu sein. Wir bleiben nicht stehen, sondern sind in Bewegung. Uns ist wichtig, im Kopf flexibel zu sein und uns auf Dinge einzulassen. Deswegen bin ich so froh, dass wir das zusammen machen. Wenn der eine gerade mal steht, dann nimmt der andere einen wieder mit. Und umgekehrt. Da ist immer dieser Gegenpart, der dann schiebt oder zieht, wenn es der andere braucht.

> **HINWEIS**
> → Wie das so ist bei Städten voller Bewegung: Beim Balz und Balz kündigt sich im Nachgang des Interviews ein Standortwechsel an. Voraussichtlich bleibt das Café der Geschwister jedoch in der Nachbar*innenschaft um die Hoheluftbrücke.

168

HAMBURG KUNSTHALLE

1: „The riddles have been unriddled" – Jose Dávila, 2: „Der Fluss (La rivière étendue)" – Aristide Maillol // Kunsthalle Hamburg 2018

ORT

Über siebenhundert Werke aus acht Jahrhunderten Kunstgeschichte. Auf den mehr als 13.000 Quadratmetern der Hamburger Kunsthalle gibt es so viel zu entdecken, dass man hier Tage verbringen könnte. Nach einer umfangreichen Modernisierung erstrahlt das Kunstmuseum seit 2016 in neu aufpoliertem Glanz. Im ältesten Gebäude des Komplexes, dem Gründungsbau, wird Kunst bis 1960 ausgestellt. Caspar David Friedrichs *Wanderer über dem Nebelmeer* hängt an einer der Wände und auch von Paul Klee sind Gemälde zu sehen.

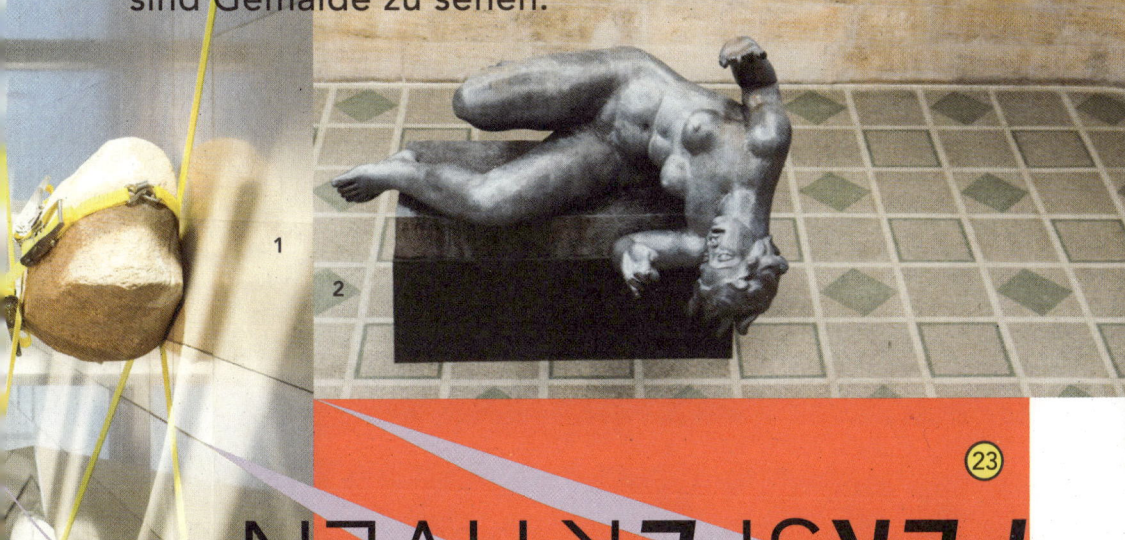

PERSPEKTIVEN

MIT DEN AUGEN

Vom alten Gründungsbau führt ein unterirdischer Gang zur jungen Galerie der Gegenwart. „EVEN YOUR FAMILY CAN BETRAY YOU", „WARTEN HILFT KEINEM". Hier fliegen deutsche und englische Sätze über die Köpfe der Gäste hinweg, die von Bedrohung und Macht handeln. Das 47 Meter lange LED-Band ist eine Installation der amerikanischen Künstlerin Jenny Holzer. In dem neuesten der drei Kunsthallengebäude wird vorrangig moderne Kunst wie die des Künstlers Gerhard Richter gezeigt.

ÜBER DIE RENAISSA
MODERNE WAN

VOM MITTELALTER

NCE BIS IN DIE
DERN

1: „Abstraktes Bild" – Gerhard Richter // Kunsthalle Hamburg 2018
© Gerhard Richter 2022 (10012022)

KUNSTHALLE HAMBURG Glockengießerwall 5 20095 Hamburg

THOMAS FRIESE

GOLDENE ZEITEN AN DER ELBE

Wer sich ab den Deichtorhallen aufs Rad schwingt, macht schon den Weg zum Entenwerder 1 zu einem Erlebnis. Auf einem der schönsten Radwege der Stadt verliert sich der Blick zunächst in Richtung Oberhafenquartier (→ S. 20), wird anschließend von den Elbbrücken gefangen genommen und ruht dann auf der Elbe, an der man sich entlang orientiert. Hat man einige Brücken hinter sich, landet man auf der Halbinsel Entenwerder – und erblickt schnell das Entenwerder 1 auf einem ehemaligen Zollanleger direkt auf der Elbe. Grund dafür ist seine herausragende Architektur: Das gold-strahlende Highlight des Ausflugsortes ist ein Pavillon der Skulpturenausstellung Münster. Die begehbare Skulptur mit drei Ebenen ist 16 Meter hoch und thront auf einem schwimmenden Ponton, den man über eine historische Metallbrücke erreicht. Dort angekommen, spürt man eine einnehmende Mischung aus Fernweh, Kuchenhunger und Festivalflair – denn der Ponton ist mit Pflanzen, Fahnen und bunten Holzbauten geschmückt. Zwei pinke Schiffscontainer laden zum Verzehr frisch gebackenen Kuchens, herzhafter Kleinigkeiten und kühler Drinks ein.

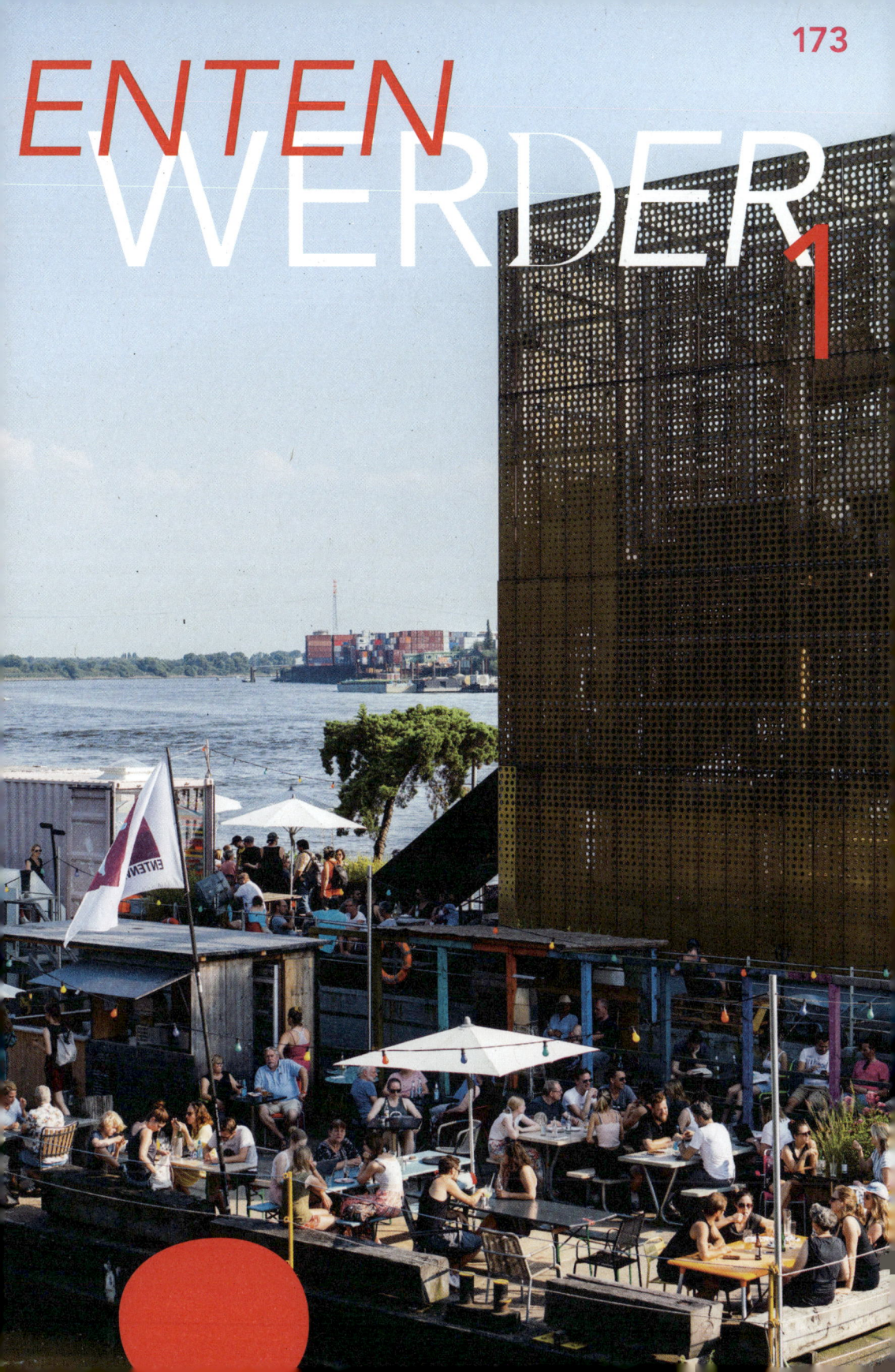

ANLEGER DER VIELEN IDEEN

Verantwortlich für diesen Kurzurlaub direkt außerhalb der Stadt ist Thomas Friese. Der Hamburger Unternehmer initiiert mit Pioniergeist, Eigenwilligkeit und Kreativität die verschiedensten Projekte und Orte in der Stadt. Nur einen Steinwurf entfernt befindet sich seit über vierzig Jahren seine i-Punkt-Strickerei in einer ehemaligen

ENTENWERDER 1 Entenwerder 1 20539 Hamburg

STROMAUFWÄRTS
→ Übrigens eignet sich das Entenwerder 1 perfekt als Zwischenstopp auf dem Weg zur Dove Elbe, ein herrlich-kühles Nass außerhalb der Stadt (→ S. 196).

Bananenlagerhalle. Hier entstehen zeitlose Kleidungsstücke für sein Modelabel Omen. Verkauft werden sie unter anderem in Frieses familiengeführten Bekleidungsgeschäft Thomas i-Punkt in der Innenstadt, das seit 1968 seine Türen für stilbewusste Hamburger*innen öffnet. Friese steckt außerdem hinter dem in der deutschen Skateszene etablierten i-Punkt Skateland. Doch damit nicht genug: Der Ponton auf der Elbe ist die Basisstation seiner Initiative Entenwerder Elbpiraten, die Kindern aus dem Stadtteil Rothenburgsort Segelkenntnisse vermittelt. Kein Wunder, denn Thomas Friese ist selbst mehrfacher Weltmeister im Segeln und fand so einen Weg, seine Leidenschaft an jüngere Generationen weiterzugeben. So ist das Entenwerder 1 ein inspirierender Ort des Tatendrangs: Mit Blick auf die vorbeifahrenden Frachtschiffe und kleinen Segelboote kann man hier in Ruhe über das nächste eigene Projekt sinnieren.

KAFFEE

VI

Hamburg ist eine Kaffeestadt. Der Rohkaffee wird im Hafen aus Kontinenten wie Südamerika und Afrika angeliefert, eingelagert und weiter verschifft. Einige der Kaffeejutesäcke bleiben aber auch direkt in der Stadt – und landen in hiesigen Röstereien. Solche und andere Kaffeeorte gibt es hier.

JÖRN GORZOLLA

NORD COAST

Die charmante Deichstraße zieren versteckte Fleetzugänge und alt-hamburgische Bürgerhäuser. Historische Bedeutung hat der Straßenzug aber auch, weil sich hier einst der Große Brand von Hamburg entfachte, dessen Flammen erst nach dreieinhalb Tagen gebändigt werden konnten. Die Flamme der Rösterei Nord Coast lodert da heute deutlich kontrollierter. Die Gründer*innen Paula Mendes und Jörn Gorzolla lernten einander in der traditionellen Speicherstadt Kaffeerösterei kennen und wehten 2015 mit ihrem eigenen Laden frischen Wind in die Hamburger Altstadt. Im Erdgeschoss wird der Kaffee geröstet und schließlich an einer langen Theke in der Raummitte zubereitet. Zu den Kaffeetassen gesellen sich dort mehr als ansehnliche Teller mit Waffeln oder der Lieblingsspeise des Gründerpärchens: Bananen-Pancakes. Letztere werden perfekt untermalt vom hauseigenen Filterkaffee aus Honduras – mit seiner feinen Würze und vollmundig schokoladigem Körper. In der Isestraße in Eppendorf heißt das Nord Coast seit 2018 übrigens ebenfalls Kaffee- und Brunch-Begeisterte willkommen.

Deichstraße 9, 20459 Hamburg

BLACKLINE

Aufweckend und voller Energie: Das trifft auf eine gute Tasse Kaffee zu, genauso wie auf Viktoria Ljubek. Die heutige Blackline-Chefin ist bereits unter dem Tresen aufgewachsen; ihr Vater hatte ein eigenes Bistro. In der Kaffeebar im Eppendorfer Weg schenkt sie heute hochwertige Kaffees von Hamburger Röstereien aus, backt Kuchen und Croissants in der Backstube und begrüßt die Kund*innen im Familienviertel Eimsbüttel (auch bekannt als Eimsbush oder eben Eimsbullerbü) sowie im wilden Kiez auf St. Pauli. Gemeinsam mit ihrem Mann Claudius Muche hat sie 2019 dort einen zweiten Laden eröffnet. Das Blackline in der Paul-Roosen-Straße ist etwas größer, aber nicht weniger gemütlich - mit Kaminofen, Plattenkollektion, schwarz-weißem Fliesenboden und einem großen Frühstücksangebot am Wochenende.
Eppendorfer Weg 67, 20259 Hamburg

DRILLING

Das Drilling ist tagsüber Café mit wechselndem Mittagstisch, abends eine der besten Bars der Stadt. Betreiber Thorsten Frerichs träumte lange von einer besonderen Destille. Auf dem Weg dahin entstand zuerst sein Clockers Gin und die gleichnamige Bar - urig und klein, in gediegenem Ambiente nahe der Reeperbahn. 2018 folgte die Erweiterung nach Bahrenfeld, in ein backsteinrotes Gebäude aus dem 19. Jahrhundert, das einst Teil der weltgrößten Dampf-Marzipanfabrik war. Auch heute gilt in der Brennerei mit kupferner Destillationsanlage: Aus feinen Rohstoffen werden Spezialitäten. Betritt man den Eingang neben dem alten Fabrikschornstein, erwartet einen aber nicht nur die Destille als Einzelkind, sondern auch ihre Geschwister: Bar und Café. In aufgeschlossener Bauweise mit hohen Decken in moosgrün, offenen Backsteinwänden, Perserteppichen, gemütlichen Sesseln und stilvollen Holzverkleidungen kann man feinen Kaffee schlürfen, der gleich ums Eck von der renommierten Rösterei Onetake geröstet wurde (natürlich entstand auch schon hier ein hauseigener Kaffeelikör). Übrigens: Das Drilling befindet sich zwar etwas ab vom Schuss, der Weg aber lohnt.
Friesenweg 4, 22763 Hamburg

ELBGOLD

Sechs Tage die Woche verbreitet sich der Duft von frisch geröstetem Kaffee in den umliegenden Straßen bis zur S-Bahnstation Sternschanze. Schon von Weitem kann man dann riechen, dass im Elbgold mal wieder Kaffee geröstet wird. Gegründet wurde die Rösterei bereits 2004 von Annika Taschinski und Thomas Kliefoth; damit hat das Paar vielen jüngeren Akteur*innen in der Hamburger Kaffeeszene den Weg geebnet. Von Beginn an rösteten die beiden selbst, anfangs noch in einem kleinen Laden im Stadtteil Winterhude. Weil das Röstereikonzept mit direkten Verbindungen zu Kaffeebauer*innen bei den Hamburger*innen so viel Anklang fand, eröffneten Annika und Thomas 2010 den heutigen Hauptsitz des Elbgold auf dem ehemaligen Schlachthofgelände Schanzenhöfe - samt großem Sitzbereich und Terrasse zwischen Ratsherrn Brauerei und Tim Mälzers Bullerei. Über die Stadt verteilt findet man heute weitere Elbgold-Läden, zum Beispiel nahe des Rathauses.
Lagerstraße 34c, 20357 Hamburg

ALBATROS CAFÉ

Die Schönheit des Albatros liegt in seiner Bodenständigkeit. Inmitten einer trubeligen Kulisse aus Fußgängerbrücke, U-Bahnhof-Eingang und viel befahrener Straße geht es dabei familiär zu: Der Betrieb selbst ist ein kleines Familienunternehmen in erster Generation. Mitgründer Jan-Christian Albert war früher beim Film. Gemeinsam mit seiner Frau Janna hat er in Barmbek seinen dauerhaften Drehort geschaffen - mit immer frischen Backwaren und feinem Kaffee am Set. Für den perfekten Start in den Tag trifft hier morgens zum Beispiel bereits hauseigenes, knuspriges Dinkel-Sauerteig-Brot auf würzigen Bergkäse oder hausgemachtem Hummus und Tomatenpesto. Quiche, Salate und Bagels gibt es den ganzen Tag über. Am Nachmittag lockt wohliger Kuchengeruch, für den eigens eine Konditorin Teil der Crew ist. Und diese Rollenbesetzung ist nur ein Faktor mehr, der das Café zu einem Schatz auf der kulinarischen Landkarte der Nachbar*innenschaft macht.
Wagnerstraße 5, 22081 Hamburg

GOLDENBLACK

Im Goldenblack gegenüber der Messehallen bekommt man häufig wechselnde Kaffees von nationalen und internationalen Röster*innen serviert. Dafür ist Gründer Arash Etemadi verantwortlich, der 2020 den kleinen Laden eröffnete, zusätzlich zu seinem bereits seit 2009 bestehenden Kaffeecatering. Sein Team und ihn begeistern Röstereien für Spezialitätenkaffee wie Tim Wendelboe aus Norwegen, Hoppenworth & Ploch aus Frankfurt oder Neues Schwarz aus Dortmund. Neben der Vielfalt und Kompetenz im Kaffeesortiment eilt dem Goldenblack aber auch der Ruf seiner riesigen, saftig-knusprigen Cookies im New-York-Style voraus. Hinter diesem Genuss steckt Ofek Kapoya, der für das Café auch israelisch-levantisches Soulfood kreiert. Arash und Ofek lernten sich einst in der Nachbar*innenschaft kennen und begeisterten sich für die Hingabe des jeweils anderen - oder wie sie die Verbindung beschreiben: eine Liebesgeschichte zwischen einem Iraner und einem Israeli.
Karolinenstraße 16, 20357 Hamburg

MARSHALL STREET COFFEE

Nach Jahren hinter den Tresen unterschiedlicher Kaffeeorte - wie Nord Coast, Public Coffee und Törnqvist - eröffneten Tristan (genannt Tricky) Garrett und Marie Kotte einen eigenen Laden. Benannt haben sie ihr helles Café nach der Straße Sydneys, in der Tricky aufwuchs. In Hamburg befindet sich das Marshall Street nun in der Schopenstehl - und bereichert die Innenstadt mit selbstgeröstetem Kaffee und australischem Flair. Die easy Vibes vom Kontinent der surfenden Avotoast-Lovers haben es auch auf die große Frühstückskarte geschafft. Neben dem Sauerteigbrot mit Avocado, pochiertem Ei und Feta stehen dort Porridge mit Zimt-Zitronen-Birnenmus und fluffige Buttermilch-Pancakes - eine 1A-Grundlage, um Museen und umliegende Straßen zu erkunden.
Schopenstehl 30, 20095 Hamburg

H

GUT ZU WISSEN

UNTERKOMMEN

Wer das Tor zur Welt besucht, muss auch irgendwo die Koffer abstellen: zum Beispiel in der hippen Superbude auf **St. Pauli**, einer Mischung aus Hostel und Hotel – hier gibt es unter anderem Tiefkühlpizza zum Selbstaufbacken für den Mitternachts-Appetit. Die familienfreundliche Inselpension hingegen verteilt ihre Unterkünfte auf der ganzen **Elbinsel** Wilhelmsburg. Wer sich lyrisch betten will, kommt im Stadtteil **St. Georg** im behaglichen Wedina Hotel unter. In der hauseigenen Bibliothek stehen dreihundert persönlich gewidmete Bände zeitgenössischer Autor*innen, die auch selbst gerne hier unterkommen. Ein eigenes Apartment kann man im Stay am **Weidenstieg** mieten, friedlich gelegen in Eimsbüttel und direkt um die Ecke vom Kaiser-Friedrich-Ufer. Und mit ein bisschen mehr Budget lässt sich sogar in der **Elbphilharmonie** oder in einem **Hafenkran** nächtigen. Möwengeschrei ersetzt hier den Wecker!

FAKTEN

Hamburg und seine Brötchen: Das süße Zimtgebäck **Franz**brötchen ist eine Spezialität der Stadt, die man sich auf keinen Fall entgehen lassen sollte. Herzhaft-salzig wirds mit **Fisch**brötchen, die am besten durch sofortiges Verspeisen vor Möwen und der rauen Brise geschützt werden. Apropos: Das lokale Klima hat in Hamburg mit „**Schietwetter**" sogar einen eigenen Namen – statistisch gesehen haben Hamburg und München jedoch gleich viele Regentage. Dass das Wetter hier oben also schlechter ist, scheint ein Mythos zu sein. Das hält vom wetterfesten Hafenarbeiter bis zum regenscheuen Schanzenhipster jedoch niemanden ab, die typischen kleinen Hamburger Wollmützen zu tragen... auch wenn diese oft nicht einmal die Ohren bedecken. Weiter gehört der gelbe Friesennerz zum Bild der Stadt im Regen. Denn zugegeben: Wenn die Nässe kommt, dann gerne von allen Seiten als dauerhafter Nieselregen.

RUMKOMMEN

Keine Lust auf roten Doppeldecker? Hamburgs Angebot an Verkehrsmitteln ist außergewöhnlich – das Spektrum reicht vom ältesten Verkehrsverbund der Welt (dem HVV) über moderne Sammeltaxis bis zu den günstigen roten Stadträdern, unter denen man sogar Lastenfahrräder findet. Ist die Frage des Mittels geklärt, geht es um die Strecke: Besonders schön ist die Fahrt mit der teilweise oberirdisch fahrenden **U3** entlang des Hafens. Von dort aus kann man auf das zum Verkehrsnetz zugehörige Fährsystem umsiedeln. So lädt zum Beispiel die Linie **62** zum Schippern ein: Von den Landungsbrücken fährt sie am Fischmarkt und an Altona vorbei und hält sogar am Elbstrand in Övelgönne. Und weil bekanntlich der Weg das Ziel ist: Die meisten Orte können nicht nur gut mit öffentlichen Verkehrsmitteln erreicht werden, sondern auch problemlos zu Fuß!

SONNTAGS-SPAZIERGANG

Einmal um die **Außenalster** oder kilometerweit an der **Elbe** entlang: Hamburgs Ufer bieten tolle Möglichkeiten für lange Spaziergänge. Auch die Grünanlage vom **Kaiser-Friedrich-Ufer** (unter Hamburger*innen als „Kaifu" bekannt) ist ein idyllischer Ort zum Durchatmen zwischen der Hektik lebendiger Stadtteile. Facettenreich lernt man Hamburgs Einwohner*innen im **Planten un Blomen** kennen: Hier sitzen Tinderdates neben Großfamilien und Jogger*innen weichen schlendernden Damen aus, die die prächtigen Blumen und Pflanzen der Parkanlage bewundern. Für eine Auszeit im Grünen sind außerdem der **Stadtpark** im Norden und der **Jenischpark** im Westen beliebt.

SPRACHSCHATZ

Ob morgens beim Bäcker oder abends in der Kneipe: Die Begrüßung „Moin" kommt in Hamburg zu jeder Tageszeit zum Einsatz. Generell hat der Hamburger Schnack einige Einflüsse aus dem Plattdeutschen. Das gilt auch für den Namen der zentral gelegenen Station **Schlump**, der Neuankömmlingen häufig ein Grinsen beschert und zu dem es mehrere Theorien gibt. Eine davon besagt, dass „Slump" für Schlamm steht; da sich hier vermutlich einst eine Sumpf- und Moorlandschaft befand. Einer anderen Theorie zufolge bedeutet „Slump" im Plattdeutschen „glücklicher Zufall". So einer tritt heutzutage ein, wenn man hier abends noch den letzten Bus erwischt.

Apropos Ausgehen: Die Gastronomie serviert der Legende nach immer wieder Vorlagen für den Sprachschatz der Stadt. **Altona** zum Beispiel war einst ein Dorf vor den Toren Hamburgs, das den Hamburger*innen als Dorn im Auge galt. Denn hier eröffnete um 1536 eine Fischerkneipe mit zweifelhaftem Ruf, die sich „all to nah" (allzu nah) an der Stadtgrenze befand, wenn es nach den Stadtoberen ging. Mitte des 17. Jahrhunderts wurde das Dorf schließlich durch König Friedrich III. von Dänemark besetzt und bekam das Stadtrecht verliehen. Und siehe da: Aufgrund ungewöhnlicher Privilegien (wie Zuzugs-, Religions- und Gewerbefreiheit) wurde Altona binnen kurzer Zeit zu einer der liberalsten Städte Europas – und wuchs sogar nach Kopenhagen zur zweitgrößten Stadt im dänischen Gesamtstaat. 1866 endete die dänische Herrschaft, doch bis heute erinnern zahlreiche Steinplatten im Boden St. Paulis und in der Sternschanze an die damalige Grenze. Auch auf dem Schulterblatt kann man sie entdecken, wenn man den Blick vom gesellig bunten Treiben löst und nach unten schaut. Dieser ausgefallene Straßenname leitet sich einer weiteren Legende zufolge ebenfalls von einem Wirtshaus ab, in das vor mehreren hundert Jahren Seeleute und Walfänger einkehrten. Von einem jener Walfänger ließ sich der Wirt das Schulterblatt eines Wals mitbringen, welches er bunt bemalt als Aushängeschild an die Fassade seiner Gaststube hing. Und so etablierte sich die Straße als die Straße „beim Schulterblatt".

Hamburg birgt aber nicht nur sprachliche Besonderheiten, es hat auch selbst eine solche verzapft: Das aus dem Englischen stammende Wort **Humbug** (= Schwindel, Unsinn) wurde der Überlieferung nach vom Wort „Hamburg" abgeleitet: Politische Berichte aus Mittel- und Osteuropa erreichten die Engländer*innen einst über den Schiffsweg via Hamburg. Weil sich die Briefe öfter als Falschmeldungen herausstellten, wurde bei zweifelhaften Berichten kopfschüttelnd „Hamburg!" gerufen. Daraus entwickelte sich „humbug", das genau so aus dem Englischen ins Deutsche übernommen wurde.

AUSBLICK

Im Ankerwechsel Verlag gibt es noch mehr zu entdecken: Neben Hamburg begrüßen wir in unserer Reihe auch Leipzig, Kopenhagen und Amsterdam mit einem freudigen „Hallo".

Auf einer Seite aber keinesfalls einseitig: unsere klimaneutralen Postkarten und limitierten Fotodrucke auf Naturpapier.

Weitere Einblicke in unser Treiben gibt es auf ankerwechsel.de und unter gleichem Namen bei Instagram. Unsere Autorin und Fotografin Harriet findet man außerdem im Netz unter harriet.de und bei Instagram als @harriet_dohmeyer – hier erfährt man, welchen Themen sich der Verlag als Nächstes widmet.

→ ankerwechsel.de
→ @ankerwechsel

IMPRESSUM

DANKSAGUNG

Danke allen mutigen Gründer*innen, Kulturschaffenden und Leser*innen, die zu diesem Buch inspiriert und ermutigt haben. Und natürlich allen, die daran mitgearbeitet haben sowie jenen, die den Ankerwechsel Verlag mit Vorbestellungen und Käufen unterstützen.

Dank für Unterstützung und Halt gilt außerdem:
Adrian Leisewitz, Alisa Siegmund, Chelsea Dooling, Hanna Dohmeyer, Hendrik Dohmeyer, Henriette Hoffmann, Johanna Ronsdorf, Jonas Langmaack, Lina Göttsch, Mona Sadat Khonsari, Niklas Rieckmann, Nora Steidel, Sina Fischer, Victoria Szabó.

Es wurde größte Sorgfalt darauf verwendet, dass alle Angaben in diesem Werk korrekt sind und dem derzeitigen Stand entsprechen. Trotz aller Recherche und Mühe kann es jedoch zu Änderungen oder Abweichungen kommen. Für die Richtigkeit der Angaben kann deshalb keine Haftung übernommen werden.

Die vorgestellten Orte haben auf keine Weise für den Eintrag in dieses Buch gezahlt. Die Hallo-Reihe ist ein rein redaktionelles Projekt mit journalistischem und künstlerischem Anspruch.

Das Urheberrecht der abgebildeten Kunstwerke liegt bei den jeweiligen Künstler*innen.

100 RESET ST. PAULI
100 % klimaneutral
ClimatePartner zertifiziert
No. 53257-1909-1001

#VERLAGE GEGEN RECHTS

gefödert durch: Die Beauftragte der Bundesregierung für Kultur und Medien

NEUSTART KULTUR

VG WORT

Printed in Germany
ISBN 978-3-947596-10-2
© 2022 Ankerwechsel Verlag Harriet Dohmeyer
2., komplett überarbeitete, Auflage 2022

Autorin und Fotografie
Harriet Dohmeyer
Grafik und Design
Violetta Sanitz
Redaktionelle Unterstützung
Jana Trietsch, Lara M. Gahlow
Fotografie Porträts (S. 6)
Malte Dibbern, Jonas Langmaack
Lektorat und Korrektorat
Marie Krutmann
Karte (S. 12)
Kostiantyn Levin/Alamy (Vektor), Violetta Sanitz (Design), Philipp Schultz (Typo)

Zine *Die Illustrierte* (S. 74)
in Kooperation mit
Raum für Illustration
Illustrationen
Annina Brell
Jul Gordon
Julian Fiebach
Krashkid
Mone Seidel
Niklas Wesner
Coverillustration und Layout
Philipp Schultz

Kontakt
Ankerwechsel Verlag Harriet Dohmeyer
Neuer Kamp 30, 20357 Hamburg
ankerwechsel.de
hallo@ankerwechsel.de

Druck und Bindung
Reset St. Pauli Druckerei GmbH
Virchowstraße 8, 22767 Hamburg

Alle Rechte vorbehalten. Das Werk darf – auch teilweise – nur mit Genehmigung des Verlages wiedergegeben werden.